工业新基建

工业互联网驱动智造未来

桑国海 杨爱喜 时培成◎著

中国经济出版社
CHINA ECONOMIC PUBLISHING HOUSE
北 京

图书在版编目（CIP）数据

工业新基建：工业互联网驱动智造未来 / 桑国海，杨爱喜，时培成著 . —北京：中国经济出版社，2021.4

ISBN 978-7-5136-6427-1

Ⅰ . ①工… Ⅱ . ①桑… ②杨… ③时… Ⅲ . ①互联网络 – 应用 – 工业发展 – 研究 Ⅳ . ① F403–39

中国版本图书馆 CIP 数据核字（2021）第 039958 号

责任编辑 张梦初 陈宇慧 戴 瑛

责任印制 巢新强

封面设计 卓义云天

出版发行 中国经济出版社

印 刷 者 北京柏力行彩印有限公司

经 销 者 各地新华书店

开　　本 710mm × 1000mm 1/16

印　　张 17.25

字　　数 240 千字

版　　次 2021 年 4 月第 1 版

印　　次 2021 年 4 月第 1 次

定　　价 59.80 元

广告经营许可证 京西工商广字第 8179 号

中国经济出版社 **网址** www.economyph.com **社址** 北京市东城区安定门外大街 58 号 **邮编** 100011

本版图书如存在印装质量问题，请与本社销售中心联系调换（联系电话：010–57512564）

Preface | 前言

2018—2020年，“工业互联网”连续三年被写入《政府工作报告》。尤其是在“新基建”的背景下，工业互联网作为“新基建”的重要一环，将成为新一轮产业革命的核心驱动力。工业互联网将把历次科技革命与产业革命积蓄的巨大能量全面释放出来，催生新技术、新产品、新产业、新业态、新模式，为传统产业的转型升级提供源源不断的动力。

相较于2018年、2019年《政府工作报告》中与工业互联网有关的内容，2020年的《政府工作报告》延续了“为制造业转型升级赋能”的核心理念，只是将工业互联网的建设重点从“建设工业互联网平台”拓展到整个工业互联网领域，将工业互联网建设提高到一个更高的位置。作为传统企业数字化转型的载体，在新冠肺炎疫情后复工复产的背景下，工业互联网建设显得尤为重要。

关于工业互联网的定义，美国通用电气公司在提出“工业互联网”概念时是这样描述的：“工业互联网，就是把人、数据和机器连接起来。”具体来看，工业互联网就是通过开放的、全球化的通信网络平台，将设备、生产线、员工、工厂、仓库、供应商、产品和客户紧密地连接在一起，让工业生产全流程的各种要素资源实现共享，最终实现数字化、网络化、自动化、智能化，借此提高生产效率，降低生产成本。

工业互联网倡导让新一代信息技术与制造业实现深度融合，通过人、机、物的全面互联构建一个全要素、全产业链、全价值链全面连接的新型生产制造和服务体系，推动传统企业完成新旧动能转换，向数字化、智能化的方向转型升级。在未来的制造行业，企业的智能化生产水平将成为核心竞争力。

2020年，随着“新基建”的提出与落地，工业互联网迎来了发展良机。为了响应“新基建”大力推进工业互联网建设的要求，北京、上海、广州等相继出台了支持政策，积极筹建工业互联网产业园区，吸引集聚工业互联网企业。在此形势下，各行业企业开始积极推进工业互联网平台建设，并取得了显著成绩。

在工业互联网建设轰轰烈烈开展的同时，我们也应该认识到工业互联网建设是一个极其复杂的系统，不仅涉及产业链、价值链整合，企业运营模式升级，而且要与5G、人工智能、AR等新一代信息技术相融合。除此之外，在发展过程中，安全问题也显得尤为重要。

本书立足于新基建背景下传统企业的智能化升级，从工业赋能、工业互联网平台、行业实践、工业大数据、5G+工业互联网、AI+工业互联网、工业区块链七大部分，对工业互联网对传统制造行业的赋能，智能制造的实现路径，以腾讯工业云为代表的工业互联网平台建设，汽车、纺织、能源等行业对工业互联网的实践，工业互联网与5G、AI、区块链等新一代信息技术的融合进行全方位、立体化剖析，结合具体的应用实践与场景，带领读者走进一个全新的工业互联网的世界。

本书结构清晰、案例翔实、图表丰富、语言通俗易懂，不仅适合工业互联网领域的研究者、制造企业的经营者阅读，还适合制造行业的普通员工、相关专业的学生，以及对工业互联网、智能制造感兴趣的普通读者翻阅。

本书导读：

第一部分　工业赋能。工业互联网最核心的功能就是为传统制造企业赋能，推动传统制造企业实现数字化、智能化转型。本部分通过对比工业互联网与传统互联网，对工业互联网进行全面剖析，包括工业互联网的技术标准、对传统制造业的赋能逻辑、目前的竞争格局、落地思路等，并从工厂、设备、物料、网络四个层面对智能工厂建设进行初步论述。

第二部分　工业互联网平台。工业互联网平台是工业互联网的核心，也是过去几年我国工业互联网建设的重点领域。本部分对工业互联网平台的体系架构进行详细拆解，对数字基建驱动工业数字化转型的逻辑以及工业互联网平台的发展路径进行全面阐述，最后对腾讯“1+N”工业互联网平台建设以及“5G+工业互联网”战略做了全面论述。

第三部分　行业实践。只有在行业落地应用，才能充分体现工业互联网的价值。本部分以汽车行业、能源行业以及纺织行业为代表，结合实际案例，对工业互联网在行业的落地实践进行深入探索，围绕汽车工业互联网平台建设、能源工业互联网发展、新冠肺炎疫情下纺织企业的智能化转型形成了一系列实用的对策与建议，为其他行业的智能化转型提供有益借鉴与参考。

第四部分　工业大数据。工业大数据是工业互联网建设的核心驱动力，同时也是工业互联网建设的薄弱点。本部分从四个角度对工业大数据进行解析，对工业大数据对工业智能化的推动作用、工业大数据落地框架、工业大数据对制造业的重塑以及工业大数据的发展对策进行全面剖析，并对工业大数据的四大应用场景进行阐述，带领读者全面了解大数据。

第五部分　5G+工业互联网。作为新一代通信技术，5G对工业互联网的发展产生了积极的推动作用。本部分对5G赋能工业互联网的关键技术、5G与工业互联网的融合路径以及5G工业互联网面对的挑战、5G工业互联网的典型应用场景进行全面分析，从智能感知、智能预警、智能溯源、智能生产四大角度对工业互联网赋能智能制造进行全面阐述。

第六部分　AI+工业互联网。人工智能在工业制造领域的应用，可以让整个生产制造流程实现自组织、自管理。本部分对人工智能在工业互联网领域的落地路径、技术支撑，人工智能与工业互联网的融合范式、应用场景进行全面分析，对工业互联网面临的安全问题以及人工智能解决工业互联网安全问题的实践进行深入探索。

第七部分　工业区块链。区块链技术为工业互联网中数据要素的配置管理提供了新的解决方案，可以构建数字经济新空间。本部分从经济学视角对工业区块链进行解析，对区块链的特点与应用价值、区块链在工业互联网的应用、区块链赋能智能生产进行全面剖析，并以中电云网、航天云网、华制智能为例，对区块链在工业互联网领域的应用实践进行探究。

Contents | 目录

第一部分
工业赋能

第一章
工业互联网：释放数字经济红利

工业互联网：打造经济增长新引擎

推动制造业转型升级，大力发展新兴产业，关于这一提法很多人都不陌生。2020年的《政府工作报告》为制造业转型赋予了新内涵、明确了新重点，即大力发展工业互联网与智能制造。

工业互联网是制造业智能化转型的重要基础，其可以通过人、机、物互联促使各类资源实现泛在连接，颠覆制造企业传统的生产模式、组织形式，促使各类资源实现优化配置，最终实现对全球工业生态体系的重构。

◆工业互联网：打造经济增长新引擎

目前，新一代信息技术与工业正在不断进行深度融合，传统工业朝着数字化、网络化、智能化方向转型，并催生出许多新业态、新模式。在这样的大背景下，工业互联网越来越受到世界主要工业国家的重视，各国纷纷开始在工业互联网领域布局，争相在国际制造业竞争中抢占这一重要板块。毫无疑问，发展工业互联网已经成为各国推动经济增长的新引擎。

当前，美国、德国、日本等发达国家是全球工业互联网的领导者，这些国家的龙头企业掌握着工业互联网的核心技术和重要经验，它们在引领本国工业互联网快速发展的同时，也不断推动着全球工业互联网的发展。

我国工业互联网的发展也在稳步向前推进，随着技术的发展和政策的落地，我国迅速建立起了自己的工业互联网平台，为我国制造业实现“弯道超车”提供了绝佳的历史机遇。目前，发展工业互联网已经上升为我国的国家战略，并逐渐覆盖到医疗、基建、工厂制造等多个领域，为我国成为“制造强国”奠定了基础。

◆工业智能化、数字化转型的关键基础设施

工业互联网是支撑工业向智能化、数字化转型的关键基础设施，是新一代信息技术与制造业深度融合形成的新业态、新模式，是互联网从消费领域向生产领域、从虚拟经济向实体经济拓展的核心载体，能够实现工业全系统、全产业链、全价值链的连接和贯通。

工业互联网的基础是物联网，需要实现物与物、物与人、人与人的全面网络互联，如人、产品、机器、原材料、控制系统、信息系统之间的网络互联。工业互联网可以通过对工业数据的感知、采集、传输、交换、共享、计算、处理、建模、分析等实现智能控制和运营优化，并加速推进这些生产组织方式的变革。

2011年，美国通用电气公司首先提出了“工业互联网”的概念，以云计算、工业大数据分析为特征的工业互联网技术呈现出广阔的发展前景。作为全球最大的技术和服务提供商，GE拥有庞大的产品体系、强大的制造技术和丰富的工业互联网相关经验。

2012年，GE发布了第一份工业互联网白皮书，该公司在这份白皮书中对工业互联网的核心要素做了详细定义，并提出了一个重要概

念，即“the Power of 1 Percent”（百分之一的力量）。

GE认为，如果能让全球工业节省百分之一的能源就能带来巨大的潜在价值。如果全球航空业能每年节省1%的燃油消耗，那么在15年内就能节省300亿美元；如果全球油气行业能减少1%的固定资产投入，那么就能带来900亿美元的价值。而工业互联网正是实现这种节省的关键，所以GE认为人类应该在全球范围内大力推广工业互联网，这样就能为全球工业带来巨大的经济价值。

目前，美国、德国、日本等西方发达国家高度关注工业互联网，将其作为未来产业发展的战略重点并出台了一系列的政策支持措施，进而抢占了工业互联网市场空间和产业发展的制高点。

如西门子、施耐德等工业巨头也都抓紧布局工业云平台，推出了MindSphere、EcoStruxure等产品，凭借其在工业领域的沉淀积累以及应用信息技术改造传统制造业的成功经验，以云平台化的方式灵活实现跨区域工业信息服务的部署和交付，把数以亿计的终端工业设备连入互联网，提供强大的数据传输、存储和处理能力，并为特定的行业提供数字化、网络化、智能化转型的软件应用和服务。

驱动未来产业变革的新范式

近几年，在国家的大力推动下，包括制造、互联网、IT、CT等领域在内的众多企业围绕工业互联网的理论、技术、标准、产品、解决方案、商业模式等问题开展了一系列探索与实践，推动了我国工业互联网飞速发展。

虽然目前我国工业互联网的发展仍处于起步阶段，各个企业对工业互联网的认知也存在一定的差异，但毋庸置疑的是，社会各界都已经将工业互联网视为产业未来的发展方向。

◆构建新型技术价值体系，推动产业演进和竞争格局变迁

从前面三次工业革命的发展经验来看，每一次技术更迭都会引发商业化创新，进而推动整个产业、经济、社会发生系统性变革。自信息革命浪潮爆发以来，人类社会经历了PC互联网时代以及移动互联网时代，在技术经济范式不断变革的过程中，产业竞争格局不断被重构。

目前，全球正在向万物互联的智能时代迈进，作为人工智能、大数据等新一代信息技术与制造业深度融合的产物，工业互联网对知识沉淀与技术扩散的方式进行了持续创新，使工业制造业原有的技术体系与利益格局被打破，正在形成一个全新的行业价值生态。在这个生态中，工业企业的各个要素可以相互连接，各项资源可以实现优化配置，各个产业可以实现相互协作。

全球移动通信系统协会GSMA预测，到2025年，在全球范围内将有138亿台设备接入工业互联网。而埃森哲（Accenture）公司预测，到2023年，工业互联网将为全球经济带来超过15亿美元的增长。由此可见，在未来几年乃至十几年的时间里，工业互联网将成为企业竞争的焦点。在这种情况下，我国应该紧抓机遇，大力发展工业互联网，重塑产业竞争格局，在全球竞争中抢占制高点。

◆促进专业化工业服务发展，打造开放式协同生态体系

工业互联网建设的核心逻辑在于通过专业化的分工与紧密合作为行业发展以及社会发展提供支持。

一方面，工业互联网需要通过对工业需求进行深入挖掘促使工业MRO

服务[1]、能耗管理、安全管理等业务实现平台化、服务化，创造一种新型服务业。

另一方面，工业企业的数字化转型面临的问题非常多，对企业的业务需求理解能力、开发能力以及相互信任的程度都提出了非常高的要求。在这种情况下，与工业互联网相关的企业（包括制造企业、自动化服务商、信息技术服务商、工程技术服务商等）需要通力合作，发挥各自的优势，打造一个集技术、组织、管理于一体的数据驱动型系统解决方案，解决工业企业转型过程中遇到的各种问题，提升工业企业的整体效能，创造出更大的价值。

◆以应用迭代升级推动工业互联网新价值萌芽

工业互联网建设具有周期长、前期投入大等特点，对产业的赋能效应很难在短期内显现。一方面，工业互联网的关键使能技术需要较长时间进行培育，如果使能技术不成熟就很难打造出真正有应用价值的产品；另一方面，从长远来看，工业互联网的最大价值就是利用网络效应将资源、市场、时间、效益等价值实现最大化，将数字经济的潜能充分释放出来。

随着技术逐渐成熟、功能越发丰富，互联网作为信息基础服务的价值越来越大。在工业行业，由于工业互联网的结构比较复杂，网络效应释放的速度比较缓慢，工业互联网需要对新场景、新应用进行持续探索，激发产业创新活力，创造一种经济价值、社会价值双高的新模式、新业态。

---

① MRO：Maintenance（维护）、Repair（维修）、Operation（运行）。MRO服务通常是指在实际的生产过程中不直接构成产品，只用于维护、维修、运行设备的物料和服务。

工业互联网VS传统互联网

与传统互联网架构相比，工业互联网架构多了一个边缘层，这个边缘层主要涉及传感器等设备的接入。从概念上来看，传统互联网在本质上是一种完全线上的信息交互和共享，而工业互联网则增加了一个把物理世界映射到电子世界的过程。

因此，工业互联网与传统互联网在接入标准、业务模式、网络拓扑、数据特性等方面均存在较大差异。

◆标准化程度

传统互联网在应用层拥有统一的接入协议，如HTTP、HTTPS协议等，用户可以借助底层TCP/IP协议簇[①]和浏览器接入并使用互联网，同时能够利用DNS标识解析服务有效搜索和定位指定网站，从而获取自己需要的信息。

在移动互联网时代，人们可以利用手机App形成一种新的网络接入口。从本质上来看，这种网络接口仍然遵循互联网网页应用设计架构MVC原理，它的行业标准化程度相对较高。

与传统互联网标准相比，工业互联网标准的碎片化程度较高：

- 传统互联网使用的是单纯的IT网络，通信协议和标准比较单一；而工业互联网融合了IT网络和OT网络，因此需要多种通信协议和标准。
- 工业互联网可以实现MQTT、CoAP、Modbus、PROFIBUS、私

① TCP/IP协议簇：Internet的基础，也是当今最流行的组网形式。TCP/IP是一组协议的代名词，包括许多别的协议，组成了TCP/IP协议簇。其中比较重要的有SLIP协议、PPP协议、IP协议、ICMP协议、ARP协议、TCP协议、UDP协议、FTP协议、DNS协议、SMTP协议等。

有TCP/UDP等多种应用协议并存，其IP化程度比传统互联网要高得多，因此，工业互联网的边缘设备大多都无法支持HTTP协议簇，其边缘设备的计算能力具有差异性。

- 工业互联网的解析服务标准也呈现碎片化，这是因为它在设备、服务寻址等方面没有与DNS统一标识解析服务相似的标准，而且需要通过不同的组织才能发起Handle、OID、Ecode等。

◆业务模式

传统互联网行业是轻资产行业，而工业互联网行业属于重资产行业，这是因为工业互联网涉及固定资产、库存管理和设备投入。

一般来说，传统互联网技术平均每隔3年就能成功迭代一次，这样高频率的更新换代是工业互联网望尘莫及的。因为工业互联网技术迭代不仅涉及上层应用软件的升级换代，还涉及底层硬件的升级换代，它需要同时发生在服务器和边缘设备两端。

因此，工业互联网技术迭代具有双高门槛，它既需要考虑较高的技术换代成本，又需要考虑到技术换代的安全稳定性。介于这种双高门槛，许多企业通常会在技术先进性上选择妥协。

与传统互联网技术换代相比，工业互联网技术换代具有高成本、高风险、长周期的特点，因此，在研发工业互联网技术时，企业对技术的前期预研和选型会更为慎重。

◆网络拓扑和系统构成

传统互联网采用的是HTTP通信机制，这是一种建立在TCP/IP之上的通信机制，它所使用的是B/S或C/S模式。这种机制的通信转换通常是端口转发，几乎不涉及协议转换，而且对网络拓扑的敏感性和依赖性相对较低。

工业互联网以网关为基础，可以实现多协议转换，而且这种多协议转换正在逐渐普及，如GE研发的数据采集转换模块Predix Machine就可实现多协议转换。工业互联网系统的上下层通信对网关十分依赖，因此工业互联网比传统互联网对网络拓扑更为敏感。

同时，工业互联网需要接入众多的设备，其数据呈指数级增长，不过，工业互联网的传输带宽是有限的，为了弥补带宽缺陷和中心云计算的延迟性，就需要在工业互联网中大量部署边缘计算节点。毫无疑问，在工业互联网中大量部署边缘计算节点要比在传统互联网中部署相应节点更具必要性。

◆数据特性

工业互联网与传统互联网在数据特性上也存在着较大差异，具体如表1-1所示。

表1-1 传统互联网与工业互联网数据特性对比

对比项	传统互联网	工业互联网（IIOT）
数据流向	Web 1.0：流向终端（用户） Web 2.0：均衡	设备流向服务器
数据多源性	中	高
并发连接	不定	多
连接时间	短	长
宽带占比规律性	有规律，有突发峰值	有规律
数据种类	多	多
宽带需求	高	高（视频）、低（数据）
数据持续性	弱	强
数据实时性	弱	强

续表

对比项	传统互联网	工业互联网（IIOT）
数据时序性	弱	强
数据量	大	极大
延时容忍度	中	低
数据关联性	低	高

由表1–1可以看出，传统互联网与工业互联网的数据特性有许多不同点，这些不同点导致两者在系统架构设计上的侧重点也不相同。因此，传统的互联网架构是不能直接应用于工业互联网的。具体可以通过以下几个方面来说明，如表1–2所示。

表 1–2　传统互联网架构 VS 工业互联网架构

对比指标	具体描述
并发连接	由于工业互联网的并发接入比较多，所以其接入设计需要采用异步通信接入，而传统互联网的许多成熟接入架构主要采用同步通信
数据时序性	工业互联网的接入数据对时间顺序要求较高，由于其终端的测点较多，数据量巨大，所以其数据传输的频率更快，否则就无法保证数据的实时性。工业互联网需要采用专门的时序性数据库来存储和处理数据，如InfluxDB等，如果采用传统的关系型数据库来存储和处理数据，则无法满足其对时间序列数据存储与处理的要求
数据关联性	与传统互联网相比，工业互联网接入的数据种类更多、维度更广。由于工业互联网数据的时序性较高，数据间的关联性较强，其系统架构需要支持数据融合，这样可以更加方便地挖掘数据间的关联性，更好地支撑其上层业务系统决策
延时容忍度	工业互联网既涉及用于连接生产现场设备与系统的OT网络，又涉及自动控制、实时控制，因此，它比传统互联网对系统的延时要求要高得多。由于这种高要求，工业互联网往往在部署边端设备时就已经开始规划和设计系统延迟。例如，在软实时操作系统Linux无法满足数据延时要求时，就需要采用硬实时的RTOS来降低数据延时，以保障边端设备数据采集的确定性

工业互联网对我国工业制造业乃至国家的发展具有重要意义，我们不仅要用心规划和思考工业互联网的未来，同时还要充分了解工业互联网与传统互联网的差异，这样才能更深刻地认识和理解它的意义。

工业互联网的三大技术标准

我国政府对工业互联网的发展和建设非常重视，相继出台了《中国制造2025》、“十三五”规划纲要、《深化制造业与互联网融合发展的指导意见》、《深化“互联网+先进制造业”发展工业互联网的指导意见》等战略性政策，旨在加快推进工业互联网的部署和建设。

需要注意的是，工业互联网与互联网不同，也与传统意义上的物联网存在较大区别，可以说，它是物联网在工业上的特殊应用。工业互联网是一种平台型产品，企业要想实现技术升级，选择合适的工业互联网平台至关重要。

一般来说，一个优秀的工业互联网平台需要具备两大特性，分别是技术领先性和未来可扩展性，而要具备这两大特性就离不开以下三大关键技术标准的支持，如图1-1所示。

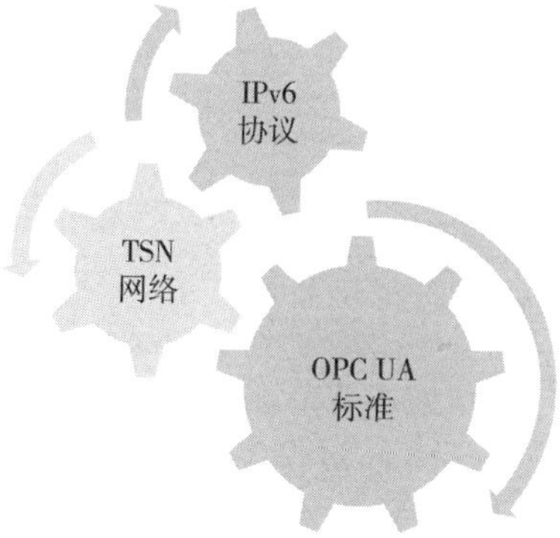

图1-1 工业互联网的三大技术标准

◆ OPC UA标准

OPC UA（Unified Architecture，统一架构）是下一代的OPC标准，通过提供一个完整、安全和可靠的跨平台架构获取实时的数据和时间。

利用OPC UA 技术可以实现不同来源、不同协议间的数据转换，包括基于工业以太网、工业总线连接的PLC、设备、传感器、控制系统、管理软件之间的数据转换。同时，在OPC UA标准的支持下，OT网络与IT网络将更容易实现融合。

◆ TSN网络

任何网络在处理多源时序数据时都需要具有统一的时间认知。传统互联网和消费物联网要实现全网时间同步，其精度一般控制在秒级，主要是利用网络内基于GPS的基准时钟和NTP时钟同步算法来实现。

工业互联网要做到实时控制，对时间精度的要求更高，一般需达到微秒级，而要实现微秒级的时间同步就需要更加精确的算法。例如，美国电气与电子工程师协会（Institute of Electrical and Electronics Engineers，IEEE）提出的TSN（Time Sensitive Network）网络就是这方面的工业互联网标准，TSN网络包含了通用精准时间同步协议（generalized Precision Time Protocol，gPTP），该标准可以解决下面两个问题：

- **工业通信标准的碎片化问题：**该标准将以太网定义为统一物理层有线链路，该链路可以用于连接OT网络和IT网络，并能结合OPC UA标准实现IT网络与OT网络在有线网络接入层的整体性融合。
- **基于Mac层的通用精准时间同步协议问题：**TSN网络定义的802.1AS时间同步标准能够满足工业互联网对时间控制精度的需求，这是因为它可以使时间同步精度达到微秒级，其不仅能应用于有线网络，还能应用于无线网络。

◆ IPv6协议

IPv6协议的海量寻址空间能够与IOT设备的海量基数相匹配，因此，该协议未来可能成为工业互联网IP层的标准协议。我国国务院发布的《关于深化“互联网+先进制造业”发展工业互联网的指导意见》中明确指出要大力发展IPv6协议。

目前，IPv6协议对应的RPL路由协议能够与大多数新一代嵌入式实时操作系统相兼容，这意味着，在IPv6协议下底层异构协议间的IP层通信可以获得操作系统级的支持。

工业互联网的未来发展需要依赖于这些核心技术支持，因此我国要大力发展工业互联网的标准化技术，不断推动产业升级与创新，不断挖掘经济新动能，要大力引导各大技术厂商对工业互联网的持续投入，给予企业和技术研发机构以政策上的支持，将工业互联网打造成智能制造的基础平台，持续推动整个制造业的发展。

我国工业互联网领域的赛道格局

工业互联网不仅吸引了众多工业企业、互联网企业等争相布局，还引起了资本的广泛关注，成为一个热门投资领域。2017—2020年，工业互联网相关项目的融资次数、融资规模持续增长，其中航天云网、树根互联、浪潮云、徐工信息、海尔卡奥斯等数十家企业的融资规模超过了一亿元。

目前，我国工业互联网发展已经迈过概念普及阶段，开始向垂直领域深耕，核心业务运营优化、生产保障能力提升、社会化资源协作等一系列应用场景开始推广，涌现了一大批可行性强、可以复制推广的解决方案，进而催生了一系列新的生产方式、合作模式和服务产业，进一步加快了制造业数字化转型的进程。

◆解决工业互联网流量入口，资产管理成为当前最广泛的应用场景

对于生产制造企业来说，保证设备正常运行是生产活动正常开展的重要前提。为了保证设备正常运行，企业需要对设备进行定期检修，维护成本较高、难度较大。另外，让设备实现互联是工业互联网应用的主要入口，围绕设备开展专业化管理可以推动工业企业尽快实现服务化转型。

以“一站式”精密刀具磨削App为例，这款应用在第一届中国工业互联网大赛中获得了一等奖，其以富士康10余年刀具设备使用经验为基础，开发了调机换线、误差补偿、智能维护、寿命预测、刀具回收等功能，为10余家企业管理刀具1200万把，3年获得了100亿元的收益。

◆聚焦工业企业痛点问题，成为促进实体经济降本、提质、增效的重要途径

从整体来看，工业企业的痛点问题主要表现在三个方面，分别是工艺优化问题、柔性化制造问题和质量管理问题，如图1-2所示。对于工业企业来说，这三大问题的解决可以为其带来切实的经济利益，提高产品生产质量与效率、节省人力成本、缩短产品生产周期。

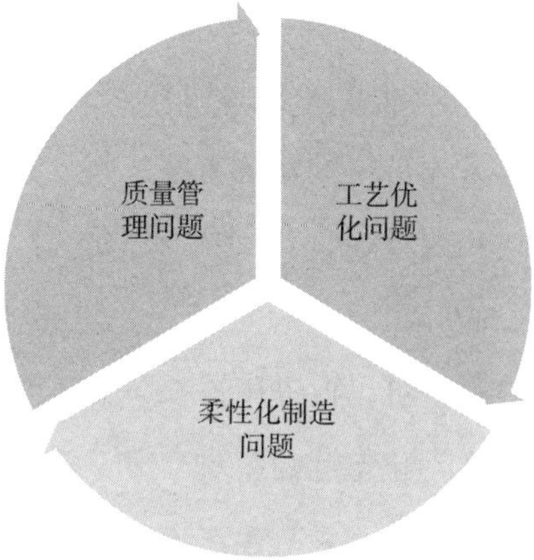

图 1-2　工业企业的三大痛点问题

• 在工艺优化方面，阿里巴巴利用人工智能技术辅助六国化工对各个生产参数进行调整，将磷酸萃取率提高了1.2%，每年可以节约磷矿石6000吨，减少固体废弃物排放10000吨，获得经济效益600多万元。

• 在柔性化制造方面，在广东盘古信息科技的帮助下，东莞新技电子有限公司建立了一条柔性化生产线，将生产效率提高了13%，对近七成的共用料重复出入库等作业进行优化，将人力成本降低了28%。

• 在质量管理方面，研祥智能科技股份有限公司利用机器视觉技术对液晶面板检测结果进行判断，对产品进行溯源管理，将每条检测线的检测人员减少了4～6名，将产品的良品率提高了1%。

◆工业互联网建立协同机制，提高产业链对市场需求的响应速度

以工业互联网为依托，工业企业可以通过全新的合作机制与服务商建立合作，使企业边界越发模糊、生产要素实现自由流动，进而提升整条产

业链的资源配置效率，提高全要素的生产率。

一方面，产业链上下游企业要紧密协作、实现联动，缩短产品交付周期。例如，用友汽车开发的协同制造方案，将大众整车厂与100多家供应商、15家劳务公司整合在一起，让他们在线协作，使汽车产量提高了22%，用工数量减少了31%。

另一方面，工业互联网可以促进用户参与，实现以单定产。例如，中电集团为鞋服企业提供个性化定制的解决方案，根据消费者要求对产品进行设计，并实现了混牌、混色、混款生产，将成品库存降至零，将单品生产用时缩短到了2小时以内。

◆工业互联网培育新模式、新业态，助力新旧动能转换

以工业互联网为依托，企业可以对自己在数字化转型过程中的做法、经验进行总结，通过工业互联网对这种创新实践进行复制推广，形成新模式、新业态，在其他领域推广应用。为了做到这一点，工业企业必须对模式输出路径进行探索，推动制造业与其他行业实现跨界合作。如海尔COSMOPlat平台研发的大规模定制解决方案已经在很多行业实现了推广应用，包括家电、汽车、电子、装备等。

另外，工业互联网可以对各种新技术进行融合应用，推动工业与金融服务业从多个层面建立合作。例如，树根互联为保险公司核保、定价等提供数据分析服务，让用户享受到动态定价服务，并通过智能核保决策帮助保险公司在3个月内判断假案13起，减少损失数百万元。

工业互联网是复杂、庞大的系统，作为基础设施，其对产业发展的推动作用无法即刻凸显，初期既要立足于现实，又要以长远的目光看待问题，将路径探索与统一认知相结合，推动政府、产业、投资、学术等各

界通力合作，从而取得更好的效果。具体来看，需要采取四大策略，如图1–3所示。

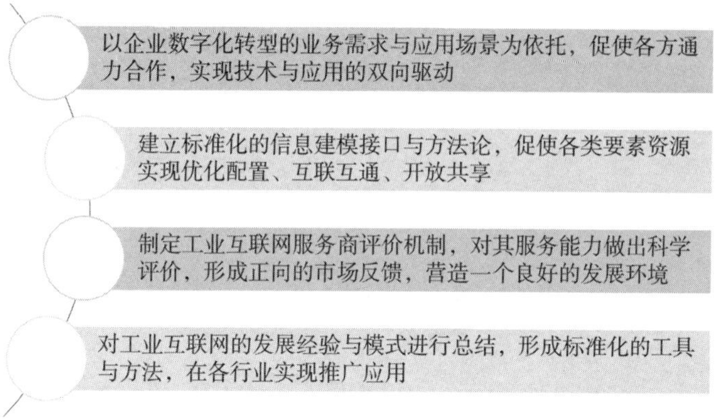

图 1–3　工业互联网推动产业发展的四大策略

第二章
工业赋能：智能制造的现实路径

传统制造向智能制造转型的逻辑

进入数字化时代，制造业、金融业、电信业、农业、商业等各个行业都需要进行数字化转型，数字化转型已经成为产业发展的一个重要命题。随着大数据、云计算、物联网、人工智能等新一代信息技术在制造领域的融合应用，制造业的产品不断得到创新，工艺持续获得优化，服务模式、管理模式、决策模式也相继实现革新。

新一代信息技术的应用重塑了工业范式和企业竞争优势，为制造企业提供了更多的可能，并创造了更大的发展空间。

以中国航空工业为例。在两化融合领域，我国航空工业不断创新理念和方法，利用信息技术显著提升了工程应用的研制效率，充分发挥了制造业央企在信息化发展中的模范带头作用。近20年来，中国航空工业已经在信息化建设方面积累了大量的宝贵经验，在新一代信息技术迅速发展的背景下，我国航空工业结合以往信息化建设的经验，深入研究了数字化转型的内涵和逻辑，针对工程系统和组织系统的数字转型提出了四大共性技术特征，分别是架构引领、基于模型、数据驱动、流程贯通，如图2-1所示。

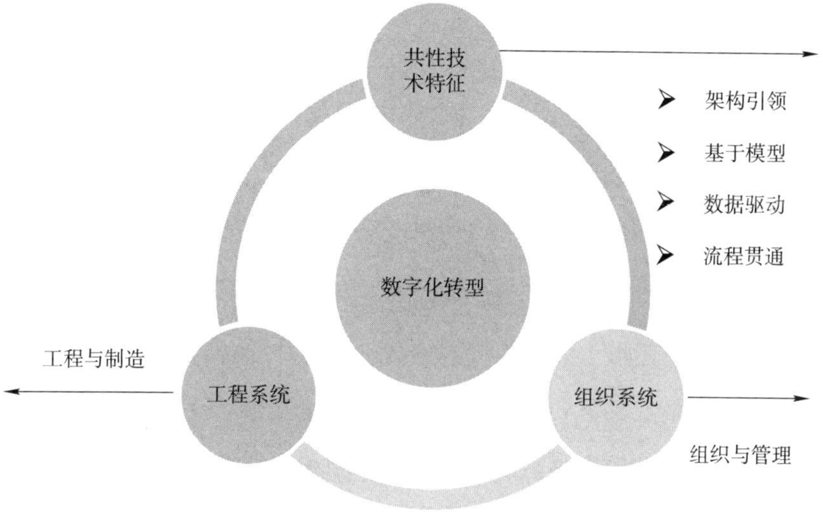

图 2–1　数字化转型的共性技术特征

• **架构引领**：基于用户需求和组织战略，借助系统性方法自上而下地设计与协同构建整体架构，实现对工程系统、组织系统等复杂系统演进的整体驾驭。

• **基于模型**：利用模型在不同阶段对系统进行结构化和数字化的表达，并在虚拟环境下完成仿真验证，确保准确传递和完整贯彻系统设计的需求和意图，使整个系统保持一致性和完整性，避免歧义的发生。

• **数据驱动**：以流程电子化积累的数据为基础，通过对数据的治理、整合、建模提升数据价值，激活数据资产，实现整个价值链从数据、信息、知识到智慧的贯通，推动业务变革和管理创新，使企业在向数字化、网络化转型的同时逐渐走向智能化。

• **流程贯通**：通过贯通分析、设计、构建、实施、运行、改进的全流程，打造业务流程闭环逻辑，构建闭环运行系统。企业既要通过业务运行实现战略落地，也要实现从业务到IT的转化，同时还要根据流程主线将物流、信息流、资金流等进行多流合一。总之，要借助流程贯通消除信息孤岛，打通组织壁垒，实现业务协同。

我国航空工业提出的这四大共性技术之间并非各自为政，而是相辅相成的。流程和数据都需要架构，也需要建模，流程贯通和数据流动之间是相互依存的关系，数据驱动需要架构、模型和流程贯通作为支撑基础。理念、方法和技术是架构和模型的核心，而流程贯通和数据驱动的核心是目标和效果。

工业互联网技术赋能智能制造

在工业互联网环境下，平台和数据的双重作用使制造业可以与市场实现深度融合，将工业制造打造成我国互联网消费端的一大优势。

工业互联网环境下的融合主要发生在IaaS（Infrastructure as a Service，基础设施即服务）层、PaaS（Platform as a Service，平台即服务）层、SaaS（Software as a Service，软件即服务）层以及边缘层，属于横向融合，通过融合可以催生新的业务模式，实现互联、共享与数据迭代，进而带动整个产业不断升级。具体来看，工业互联网对智能制造的赋能主要体现在四个方面，如图2-2所示。

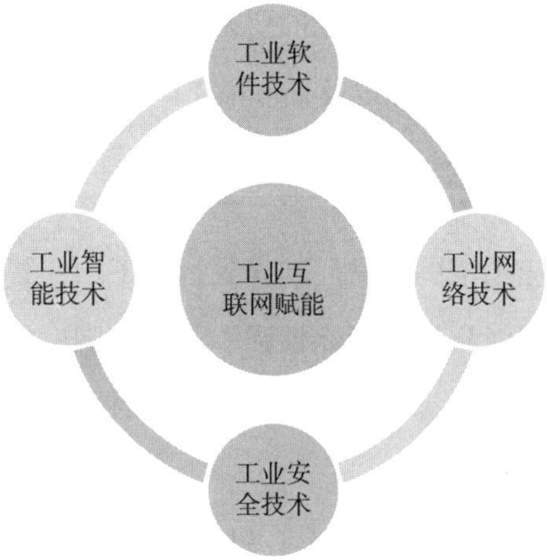

图 2-2　工业互联网赋能智能制造的四大方面

◆工业软件技术

在工业制造业领域，工业软件属于一种软装备，在工业制造系统化管理与控制中占据着非常重要的地位，是工厂实现精益化管理的必备工具。目前，我国大多数工业软件依赖进口，虽然国内企业在ERP①、MES②等领域取得了一定成就，但与世界先进水平还存在较大差距，工业App开发更是处于起步阶段。

工业App的开发难度比商业App大很多，主要原因在丁工业企业所处的环境比较复杂，工业数据的类型较多，对接口、展示、应用场景等都有

① ERP：企业资源计划（Enterprise Resource Planning）的简称，是指建立在信息技术基础上，集信息技术与先进管理思想于一身，以系统化的管理思想，为企业员工及决策层提供决策手段的管理平台。

② MES：制造企业生产过程执行管理系统（Manufacturing Execution System）的简称，是一套面向制造企业车间执行层的生产信息化管理系统。MES可以为企业提供包括制造数据管理、计划排程管理、生产调度管理、库存管理、质量管理、人力资源管理、工作中心/设备管理、工具工装管理、采购管理、成本管理、项目看板管理、生产过程控制、底层数据集成分析、上层数据集成分解等管理模块，为企业打造一个扎实、可靠、全面、可行的制造协同管理平台。

特殊要求，而且对实时性、安全性的要求非常高。随着制造业与互联网的融合程度不断提升，工业软件以及App将获得更好的发展。

◆工业网络技术

工业互联网的应用范围非常广，大到智能工厂、智能车间，小到智能制造单元，通过构建时延低、可靠性强、覆盖范围广的网络基础设施，对工厂内的人、机器、产品、系统等要素进行实时感知，促使数据实现有序流动，推动智能制造有序落地。

在工业互联网环境下，不仅人、机器、物品等生产要素可以相互连接，工业系统、产业链、价值链也可以实现互联，在更大范围内开展智能交互。工业互联网支持接入的设备种类、数量都很多，场景更加复杂，对网络性能的要求更高。

在各种网络协议以及数据集成协议的支持下，工业互联网可以利用数据逻辑与业务逻辑将工厂内的软硬件系统整合到一起，统一协议标准，规范设备语言，让不同的设备与系统实现自由交互，让工厂内的数据实现互联互通。

推动工业互联网以及智能制造快速落地，必须对各种标准兼容，对实现协议转换的技术、产品、解决方案进行开发推广，规范设备通信标准，让设备之间实现无障碍交流，促使工业数据在多元设备、异构系统之间自由流通。

◆工业安全技术

工业互联网安全保障体系的构建涉及的要素比较多，包括设备、控制、网络、平台和数据等，与智能制造安全相互协同，可以为智能制造构建一个安全有效的防护系统。具体来看，工业安全技术的三大应用如图2–3所示。

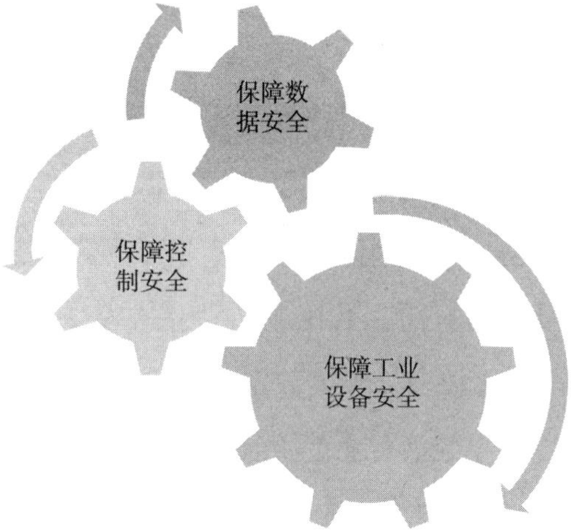

图 2-3　工业安全技术的三大应用

（1）保障工业设备安全。随着工业互联网的不断发展，越来越多的设备接入互联网，病毒侵犯、黑客攻击等将给整个行业带来极大的安全风险。工业设备一旦受到攻击，绝不只是企业蒙受经济损失那么简单，企业的整个生产线甚至工业系统的安全都将受到威胁。

（2）保障控制安全。工业自动化生产、数字化生产的实现离不开工业控制系统的支持。制造企业大力发展智能制造，一方面对中高端PLC（Programmable Logic Controller，可编辑逻辑控制器）和DCS（Distributed Control System，分布式控制系统）提出了较高的需求；另一方面对生产安全提出了较高的要求。

目前，我国正在加大力度支持研发成果落地转化，整合各种资源致力于在工业控制系统等核心技术领域取得重大突破。

（3）保障数据安全。工业互联网上的数据非常多，而且大部分数据价值极高。通过对这些数据进行挖掘，可以得到大量市场、客户、供应链等方面的信息，了解工业生产情况，揭示工业运行规律。对于工业互联网来说，数据是核心要素。从某种程度上来看，保障数据安全就是保障整个工业互联网的安全。

◆工业智能技术

工业互联网的发展、智能制造的实现离不开数字化技术的支持。

（1）设备数字化。目前，我国制造业正在从2.0阶段向3.0阶段过渡，工厂的老旧设备比较多，整体数字化水平比较低。智研咨询发布的《2020—2026年中国数字经济行业市场前景规划及市场前景趋势分析报告》数据显示：2019年，规模以上工业企业的生产设备数字化率为47.1%，数字化设备联网率为41%。

（2）业务流程数字化。制造业业务流程实现数字化，必须做好工业软件设计与开发。在全球制造业中，2018年我国的制造业增加值占全世界的份额就达到了28%以上，但截至2019年我国工业软件市场规模约占全球6%的份额，我国工业软件面临“卡脖子”风险，工业软件的开发应用水平亟待提升，整个业务流程亟须实现数字化。

从本质上看，工业互联网是沉淀、传播工业知识，让各类工业知识实现复用的自动化生产流水线。在工业互联网中，数据作为核心要素，广泛分布在设计、研发、物流、供应链、销售、服务等环节，对数据进行深入挖掘，提取其中有价值的信息，可以对生产流程进行优化，促使服务体系不断完善。

随着人工智能技术不断发展及其在制造行业的深入应用，各种生产设备将变得更加“智能”，人、产品、设备、网络将实现互联互动，使工业互联网的整体效率得以大幅提升。

工业互联网平台重构制造生态

随着物联网、大数据、人工智能等技术的不断发展，制造业传统的生产模式受到了巨大的挑战。为了促进生产模式创新，制造企业相继开始了信息化改造与升级。但因为企业所处的信息化阶段存在较大差异，所以为这些企业提供定制化的智能制造的解决方案就成了关键。

在工业互联网环境下，企业可以获得定制化的方案，解决一些个性化的问题。同时，不同企业的不同需求可以整合到一起，让解决方案实现规模化应用，并通过网络迭代得以优化。因此，从理论上看，工业互联网可以解决我国制造业向智能化方向转型过程中遇到的各种问题，为智能制造的落地提供切实可行的方案。

工业互联网平台以传统的云平台为基础，引入物联网、大数据、人工智能等一系列新兴技术，对海量异构数据进行整合建模，将一些工业经验软件化、模块化，对工业创新应用进行开发，为生产决策、业务模式创新、资源优化配置、产业生态培育提供强有力的支持。具体来看，工业互联网平台的功能主要表现在三个方面，如图2–4所示。

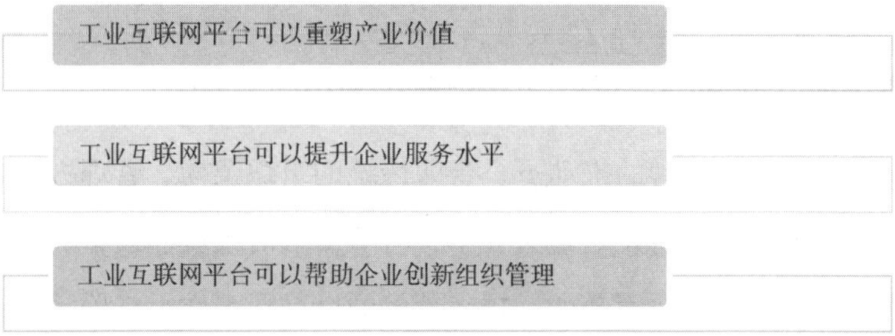

图 2–4　工业互联网平台的三大功能

◆工业互联网平台可以重塑产业价值

工业企业可以利用工业互联网平台打破企业间的物理边界与组织边界，打通企业内部各部门、供应链上下游企业，让数据实现自由流通，消除数据孤岛，让各类资源实现有效协同，打造一个无边界组织。

例如，中国商用飞机有限责任公司、中国船舶工业集团、长安汽车等企业利用工业互联网平台，推动研发数据从多数据源向统一数据源发展，促使研发流程从串行向并行转变，最终使产品研发效率大幅提升、研发周期不断缩短、研发成本持续下降。

◆工业互联网平台可以提升企业服务水平

工业互联网平台存在大量工业App，有些是行业通用的，有些是企业专用的，但无论哪种类型的App，都可以支持企业按需集成应用，赋予设备可感知、可联网、可控制等能力，推动工业设备从“功能机器”向“智能机器”演进，为企业提供状态监测、故障诊断、预测预警、健康管理等智能服务。

同时，工业企业可以利用工业互联网平台上的数据培育新型业态，让企业从单一的产品生产商转变为功能更为复杂的客户运营商。

◆工业互联网平台可以帮助企业创新组织管理

在工业互联网平台的推动下，企业传统的组织架构、管理方式将被彻底颠覆，管理对象也将发生重大变革，将从传统的人员、设备、资产向机器人、数据、知识等要素转变，越来越多的标准化工作由机器承担，管理人员只需要以“执行力”为标准对机器进行考核；而员工管理重点将从员工管控转变为员工赋能，“创造力”将变成最主要的考核标准。

工业互联网落地发展的核心思路

◆数据驱动、软件定义是工业智能化的核心思路

在工业互联网环境下，企业通过机器、数据与人相融合搭建一个平台，消除企业与用户的对接障碍，将数据驱动的个性化定制打造成企业通用的生产模式。在这种模式下，设备可以根据客户的个性化需求组织设计与生产，切实提高生产效率。

另外，在工业互联网环境下，用户参与生产的程度将逐渐加深，生产设备网络化、生产系统智能化水平将不断提升，价值创造空间将大幅拓展。

随着工业智能终端的广泛应用，数字化制造的实现将拥有更扎实的基础。虽然目前我国制造企业的数字化程度普遍偏低，但随着智能终端的广泛普及，企业的信息化水平不断提升，未来我国制造行业必定可以实现数据驱动生产。

◆分层级、分行业地加快建设和推动工业互联网平台

在推进供给侧结构性改革的过程中，鼓励软件定义、数据驱动、平台支撑、服务增值、智能主导相融合，加快工业互联网平台及其标准建设。

加快推进工业互联网平台建设，研究制定平台建设与推广指南，遴选一批跨行业、跨区域的工业互联网平台。

鼓励企业上云，大力推进企业上云工程的实施，推动生产设备、研发工具、业务系统接入云端，完成云化改造，打造平台最佳应用实践，推动企业实现数字化、智能化、网络化转型。

面向特定行业与场景开发一批工业App，促使工业经验实现程序化，将工业知识以可视化的成果形式表现出来，推动工业智能实现云计算化。

打造一个完善的平台测试实验环境，建设一批测试床，组织建设开发者社区，举办开发者大赛，以工业互联网平台为依托建设制造业新生态。

◆促进行业标准协同与集成应用

随着工业企业迈入信息化发展阶段，各个工业网络相互协同，逐渐显现出集成效应。为了加快不同软件间的数据流转，行业必须制定工业数据的标准化规范。随着工业互联网行业的竞争愈演愈烈，各企业对技术标准的争夺也越发激烈。

经过多年发展，一些国际大企业已经形成了自己的标准与规范。随着企业间并购活动的发生，一部分软件产品实现了相互融合。未来，国内工业企业对软硬件集成与融合的需求将不断提升。在这种情况下，国内工业互联网企业必须积极寻求产业链合作，不断提升产品的适应能力。

第三章
面向工业互联网的智能工厂模式

智能工厂：信息系统的高度集成

2013年4月，德国政府提出“工业4.0”战略，宣布开启第四次工业革命。“工业4.0”战略的核心在于建设智能工厂，利用智能装备对智能物料进行加工处理，最终产出智能产品。在整个过程中，各个环节可以通过互联网相互配合，最终达到提升生产效率、缩短生产周期、降低生产成本的目的。

德国“工业4.0”战略有两个非常典型的特征：一是融合性；二是革命性。一方面，“工业4.0”提倡推动5G、人工智能、大数据、云计算等新一代信息技术与工业制造业深度融合。另一方面，“工业4.0”代表了一种新的生产方式，要推动传统的大规模批量化生产向大规模定制化生产转变。简单来说，“工业4.0”就是利用新一代信息物理系统建设智能工厂，推动制造模式实现巨大变革。

“工业4.0”智能工厂的建设逻辑就是从嵌入式系统不断地向信息物理系统演进，最终形成一个可以让物体、数据以及服务实现无缝连接的互联网，这个互联网既包括物联网、数据网，也包括服务互联网。

从技术层面看，智能工厂的信息技术基础架构可以分为三层，其中物联网位于底层，服务互联网位于最顶层，与ERP、SCM（Supply Chain

Management，供应链管理）、CRM（Customer Relationship Management，客户关系管理）和PLM（Product Lifecycle Management，产品生命周期管理）紧密相连，这些系统分别控制生产计划、物流、能耗、经营管理、产品设计等环节。

中间一层通过CPS[①]（Cyber Physical Systems，信息物理系统）实现生产线调度与控制等功能，从智能物料供应到智能产品产出，贯穿产品的整个生命周期。最底层主要利用物联网技术对整个生产过程进行控制，最终实现智能生产。智能工厂的三层信息技术基础架构如图3–1所示。

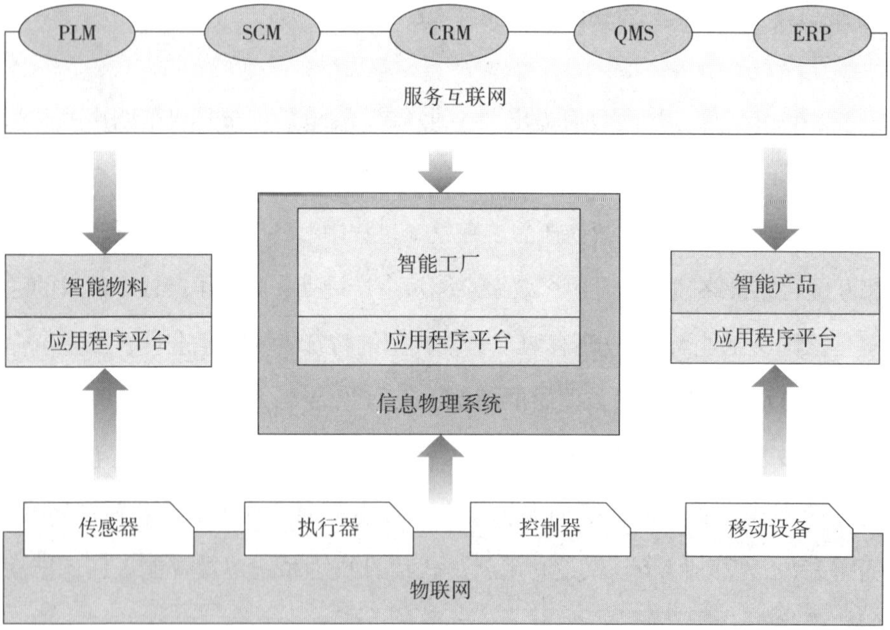

图3–1 智能工厂的三层信息技术基础架构

智能工厂实现高度集成有很多优点：提升企业运行效率，促进资源整合与优化配置，激发员工工作的积极性，增强员工的凝聚力，促使员工组

① CPS：即信息物理系统，是一个综合计算、网络和物理环境的多维复杂系统，通过3C（Computation、Communication、Control）技术的有机融合与深度协作，实现大型工程系统的实时感知、动态控制和信息服务。

织、任务分配、工作协调、信息交流、资料设计、资源共享等环节发生根本性变革。

在信息系统的支持下，“工业4.0”打造的智能工厂可以将生产设备、传感器、嵌入式系统、生产管理系统等融合在一起，形成一个高度智能化的网络，使设备与设备、设备与服务、服务与服务相互连接，实现横向、纵向以及端到端的高度集成，如表3–1所示。

表3–1 智能工厂的三种集成方式

集成方式	具体描述
横向集成	指的是参与网络协同的企业利用价值链以及信息网对各项资源进行整合，企业之间开展无缝合作，提供实时的产品与服务。智能工厂的横向集成主要体现在网络协同合作方面，需要经历企业集成—企业间集成—企业间产业链集成—企业集团集成—跨国集团集成的过程，催生新的价值链与商业模式
纵向集成	指的是在智能工厂中打造一个网络化的制造体系，由分散式生产取代传统的集中式生产。智能工厂的纵向集成主要体现在工厂管理方面，从侧重产品设计与制造转向产品全生命周期管理，在工厂内部建立一个高效的纵向生产体系
端到端集成	指的是贯穿整个价值链的工程化信息系统集成，其目的在于实现大规模个性化定制。端到端集成以价值链为导向，覆盖整个端到端的生产过程，可以将信息世界与物理世界整合在一起。端到端集成侧重的是工艺流程，可以通过集成平台将单元技术产品整合在一起，形成企业的集成平台系统，实现并行制造，向工厂综合能力平台转型

智能工厂的横向集成、纵向集成、端到端集成历经多年发展，逐渐从信息集成发展到过程集成，最终向智能发展集成演变。随着“工业4.0”战略逐渐落地，企业内部、企业与网络协同企业之间、企业与顾客之间将实现全方位整合。

从过去制造业的集成实践来看，先进技术支持下的全方位整合将成为推动制造业发展的关键。从某种程度上来看，基于全方位整合的集成化思维就是制造业发展的一种新思维。未来，制造业的发展也必将延续“借势借力、整合资源”的基本思路。

智能设备：自动化运行与管理

随着“工业4.0”的构想逐渐实现，自动化设备将在原有控制功能的基础上获得一些新功能，对产品进行全生命周期管理，切实保证产品安全，降低产品能耗，让产品变得可追踪。

自动化设备获得新功能的逻辑是通过为生产线配置传感器，让设备获得感知能力，然后通过无线网络将设备感知到的信息传输至云计算中心，通过大数据分析与决策赋予设备自动化管理能力，提高设备的智能化水平。

在“工业4.0”的智能化工厂中，几乎每条生产线、每台生产设备都会安装传感器，以实时获取数据，并利用无线网络传输数据，对生产过程进行监控。传感层与控制层中的数据和企业信息系统相融合构成信息物理系统，该系统将大数据传输至云计算数据中心进行处理、存储。工作人员根据数据处理结果形成决策，对设备的运转过程进行调控。由此可见，整个工厂的智能化生产水平很大程度上取决于设备的智能化水平。

对于制造企业来说，生产效率是重中之重。“工业4.0”可以将生产设备、工厂工人、业务管理系统和生产设施等生产资源整合到一起，形成一个网络闭环，然后通过物联网与系统服务应用让整个智能生产系统实现横向、纵向以及端到端的数字化集成，进而提高生产效率。

通过横向的数字化集成，智能工厂可以利用软件以及网络对产品开发、生产、销售、流通等过程进行监测，根据最新获取的信息对生产工艺进行调整，不再采用传统的制订一个计划沿用数月甚至数年的方式。

在CPS的辅助下，“工业4.0”可以通过数据交互将各种设备连接到一起，让工厂内外实现一体化，进而实现分散化生产与制造。“工业4.0”的落地将彻底颠覆传统的集中式中央控制的生产模式，一种全新的模式——分散式增强控制将应运而生。相对于传统的流水线生产来说，分散式增强控制模式下的生产活动将变得更加灵活。

在传统的流水线生产模式中，工厂设置传送带，生产物料通过传送带传送给工人，工人采用固定的方式进行处理。这种生产模式的优点在于缩短了工人的行动路线，无须更换工具，通过熟能生巧来提高生产效率。

随着PLC（Programmable Logic Controller，可编程逻辑控制器）的出现与应用，自动化技术取得了较大突破，设备可以自动完成一些逻辑关联比较复杂的操作。与此同时，随着数控机床技术的不断发展，零部件进入机床后，可以按照图纸完成复杂的加工流程。除此之外，随着人工智能技术的不断发展，工厂可以引入机械手等工业机器人完成一些简单重复的任务，减少人工操作的工作量，提高工作效率。

因此，在智慧工厂的流水线上，只要对生产动作进行分解，形成一定的标准，就可以由机器自动完成操作。过去30年，发达国家借全球化之机将大量劳动密集型产业转移到了发展中国家。对于这些产业来说，生产线的自动化水平越高，综合成本就越高。同时，这些产业往往采用流水线生产，工人在生产线的固定位置，不了解整个生产流程。如此一来，工厂就无法灵活地调整各个生产流程，实时满足客户需求。

“工业4.0”的智慧工厂取消了固定的生产线，采用模块化生产方式，工厂可以对各个生产模块进行灵活调整。例如，生产模块可以看作一个“信息物理系统”，执行装配任务的汽车按照提前设定好的程序在各个生产模块之间穿梭，自动完成装配任务。在这种生产方式下，制造执行系统可以发挥综合管理能力，对产品的设计、装配、测试等过程进行动态管理，既可以提高设备生产效率，又可以完成多品类产品的生产与制造。

智能物料：实现工厂柔性化生产

在“工业4.0”时代的智能工厂中，CRM、PDM（Product Data Management，产品数据管理）、SCM等软件管理系统将相互连接。工厂接收到顾客订单的同时，会自动向供应商下单，完成原材料及零部件的采购。

供应商将原材料或者零部件送到工厂后，工作人员会为其添加标签，如“××客户××产品所用××部件或材料”等。原材料或零部件有了“身份”信息之后，就变成了“智能物料”，具有明确的用途及目的地。

在生产过程中，这些“智能物料”的配送目的地一旦出错，就会自动与生产设备对话，回到正确的生产线上。如果原材料数量不足，生产机器则会自动与订单系统对话，请求增加原材料的供应量。这些零部件或原材料在拥有了自己的“身份”信息之后，即便被组装到产品内部，也可以进行追踪溯源。

也就是说，在智能化生产模式下，每个产品都将拥有自己独立的ID，企业不仅可以突破地理空间的限制进行远程操作，而且可以根据大数据预测结果为客户提供定制服务，进一步降低产品使用风险与维护成本。在生产过程中，企业也可以做好能源管理，减少能源浪费，开展柔性化生产。

随着信息技术的迅猛发展及其在制造业的深入应用，制造业原有的生产方式、制造模式将被彻底颠覆，产品的属性也会发生变化。以汽车为例，在“工业4.0”时代，汽车将不再是一个单纯的机械产品，而成为一个由传感器、天线、接收器、显示仪等组成的“电子产品”。

随着5G、云计算等技术的不断发展，汽车开始与各种外围设备及系统交互，进行信息传递，实现信息共享：通过与智能交通系统对接，汽车可以实时获取交通、道路、加油站等各类信息；通过与卫星导航系统对接，汽车可以获得多元化的定位信息服务；通过智能手机、平板电脑等设备的辅助，汽车可以产生很多拓展性应用。

可以说，汽车将不仅是“电子产品”，还会演变为“网络产品”。想要在市场竞争中脱颖而出，企业的产品与业务就必须与互联网连接。

随着信息技术的不断发展，其将在国民经济发展中扮演越来越重要的角色，汽车电子、家电、武器装备、电子玩具等物理产品将朝着电子产品或网络产品的方向发展演变。

网络协同：信息实时传递与共享

在5G网络环境下，云计算、大数据等新一代互联网技术与自动化技术相结合，促使各个生产工序实现纵向整合，生产设备之间、工人与设备之间可以相互合作，整个工厂内部各个要素相互连接形成信息物理系统，彼此之间可以相互合作、相互响应。在此基础上开展定制化生产，可以使企业产品生产效率、资源利用率实现最大化。

“工业4.0”时代的智能制造以智能化生产、网络化分布式生产为研究对象，其核心是在整个工业生产过程中利用物联网技术、软件与通信技术加强信息管理与服务，提高整个生产过程的可控性，面向研发生产、制造工艺及工业控制等各个环节实现信息的全覆盖，对各类信息进行全面控制，促使各个生产环节达到最佳状态，推动制造业实现智能化转型。

◆工厂内的协同

制造企业的内部信息全部是围绕制造产生的，涵盖了生产管理、物流管理、质量管理、设备管理、人员及工时管理等众多与生产有关的要素。

传统的制造管理主要是面向单个工厂或车间，在制造业内部进行生产管理。但是，随着信息技术的不断发展，一些制造业企业在不同发展时期基于不同的需求开发了不同的系统，如库存管理系统、生产管理系统、质量管理系统、产品生命周期管理系统、供应链管理系统等，并将这些系统在企业内部逐渐落地应用。不同的系统可以实现不同的功能，有些系统由企业自主开发，有些系统则由不同供应商的系统组成。

随着企业的不断发展，为了消除产品制造过程中的信息孤岛，要求不同的生产要素管理相互协同，这就对各个系统之间的兼容性提出了更高的要求，也就是将系统之间的内部协同放到了更加重要的位置。

例如，企业面向生产与库存建立了两套独立的系统，在生产活动开展之前，生产管理系统需要掌控生产计划以及物料供应。如果库存管理系统与生产管理系统相互独立，就无法实现有效协同，生产所需的物料信息就无法反馈给库存系统，库存系统也就无法为生产活动提供实时支持。

生产活动结束后，生产管理系统需要对生产结果与物料使用情况进行汇总，但因为生产管理系统与库存管理系统相互独立，库存管理系统无法实时获知物料消耗，导致库存结果与系统结果不一致。

为了消除这种信息不对称现象，管理人员不得不从库存管理系统与生产管理系统中导出、导入数据，而且要定期对库存进行盘点，只有这样才能保证库存信息与物料的使用情况相一致。

随着对精益制造、敏捷制造的要求不断提升，人工导入、导出信息已经无法满足制造业信息化的要求，而是需要不同系统之间实现网络协同，对信息进行实时传递，实现信息共享。

◆工厂间的协同

在未来的制造业中，每个工厂都有独立的生产管理系统，可以实现独立运作，或者工厂可以打造一套生产管理系统对工厂内所有的操作进行统一管理。但是，随着企业不断发展，一家企业可能有多个工厂或生产基地，它们之间就需要相互配合，以便对人力、设备、物料等资源进行优化利用。在这种情况下，工厂内的信息流量将持续增长，对信息传输的实时性、数据处理速度的要求也将越来越高。为了满足这些要求，工厂之间必须实现网络协同，保证信息可以实现实时传递与共享。

在全球化时代，协同不仅要发生在组织内部，还要拓展至整个产业链，与上下游企业实现协同。一方面，通过网络协同，消费者可以参与产品设计与研发，制造企业可以满足消费者的个性化定制需求；另一方面，各种物料资源、设备、资本都将实现优化配置，整个生产过程可以实现动态调整，缩短产品研发周期，开展差异化竞争。

横向集成指的是生产系统相互协作，最终实现全产业链集成。在传统的生产过程中，产品生产与零部件生产相互独立，彼此之间毫无联系，无法实现逻辑控制。通过外部的网络协同，工厂可以根据自己的生产能力与生产计划承担产品的部分生产任务，与外部的工厂、物流、销售等实现无缝连接，实现整个价值链的横向产业融合。

全球化分工提高了各个生产要素的流动效率。随着市场变化速度越来越快，消费者的个性化需求越来越多，工厂必须不断提升自己的响应能力以及柔性化生产能力。在“工业4.0”时代，智能化生产系统可以实现机械、知识、管理和技能等多种要素的有机结合，在生产活动开始之前，就可根据交货期、生产数量、优先级、工厂现有资源等制订科学的生产计划，提高生产效率，降低生产成本，对工厂运营过程进行全面优化。

第二部分

工业互联网平台

第四章
体系架构：工业互联网平台生态

工业互联网平台架构体系

工业互联网平台能促进工业朝智能化、数字化方向发展。它能够用于汇聚和分析海量异构数据，使工业经验知识软件化、模块化，帮助企业开发并运行各种创新应用。总体来说，工业互联网平台拥有四大功能：一是支撑生产智能决策；二是促进业务模式创新；三是优化资源配置；四是培育产业生态。

目前，我国拥有超过150家能提供eworks[①]统计的工业互联网平台。从厂商的背景来看，我国的工业互联网平台可以分为三个类型，分别是ICT企业、工业企业、创业企业；从平台定位来看，又可分三个类型，即资产优化、资源配置和通用使能，如表4–1所示。

① eworks：数字化企业和制造业信息化。eworks的宗旨是立足于推进制造业信息化建设，传播先进制造技术，推进企业的技术创新和管理创新，为我国的制造业企业提供信息化建设的诊断、咨询、软件选型、技术实施、培训等多层次、全方位的服务，以提升制造业信息化建设水平和核心竞争力。

表 4-1　工业互联网平台分类

平台定位	ICT企业	工业企业	创业企业
资产优化		GE　Predix 西门子　MindSphere ABB　ABB Ability 三一重工三一根云 徐工集团徐工工业云	昆仑数据　KMX 智擎信息
资源配置		航天科工　INDICS 海尔　COSMOPlat 美的　MeiCloud 中纺衣码通　Ctgcp	智能云科　iSESOL
通用使能	阿里巴巴　阿里云 Amazon　AWS-IOT SPA　HANA 华为　OceanConnect IBM　watson IOT		机智云 蘑菇物联

其中，西门子、三一根云、徐工工业云等工业企业侧重于资产优化；航天科工、海尔、美的、中纺衣码通等工业企业侧重于资源配置；阿里巴巴、Amazon、微软、华为等ICT企业偏重于通用使能。另外，许多创业企业的人才原本都是ICT企业和工业企业的员工，他们在选择创业后，在资产优化、资源配置和通用使能三类平台都有涉猎。

西门子、三一根云等侧重于资产优化的工业企业，它们的工业互联网平台凭借对行业的深入理解能够在融合IT网络与OT网络方面占据一定优势。而定位于通用使能的工业互联网平台在云计算、大数据、软件服务等领域拥有丰富的经验，因此，它们的优势主要体现在对外数据网络连接上。

不过，未来的工业互联网平台之间将不再拥有明显的界限，这是因为ICT企业和工业企业之间的跨界合作已经成为一种趋势，这些企业的合作与融合会大大消除工业互联网平台之间的隔膜。例如，施耐德公司的工业互联网平台EcoStruxure的底层架构是以微软的Microsoft

Azure为基础的，西门子的工业互联网平台MindSphere则是以SAP的Cloud Foundry开源架构为基础的。

从本质上来看，工业互联网是一种数据采集互联体系，具有精准、高效、实时等特点。以工业互联网为基础，可以构建工业大数据的开发环境和应用环境，实现对工业数据的存储、集成、访问、分析和管理。在工业互联网的支撑下，工业技术、经验、知识等可以实现模型化、软件化，大大提高它们的利用率。

在工业领域，一些复杂制造系统通常会面临诸多不确定性，而在工业互联网平台中，工业数据可以有序地自动流动，能够解决这种不确定性。不仅如此，工业互联网平台还能帮助企业优化资源配置，使企业的研发设计、生产制造和运营管理能够高效运行。另外，构建工业互联网平台，还有利于形成良好的制造业生态，促成资源富集、多方参与、合作共赢、协同演进的新格局。

一般来说，工业互联网平台机构包含三个核心层级：一是数据采集层；二是管理服务平台层；三是应用服务层，如图4–1所示。

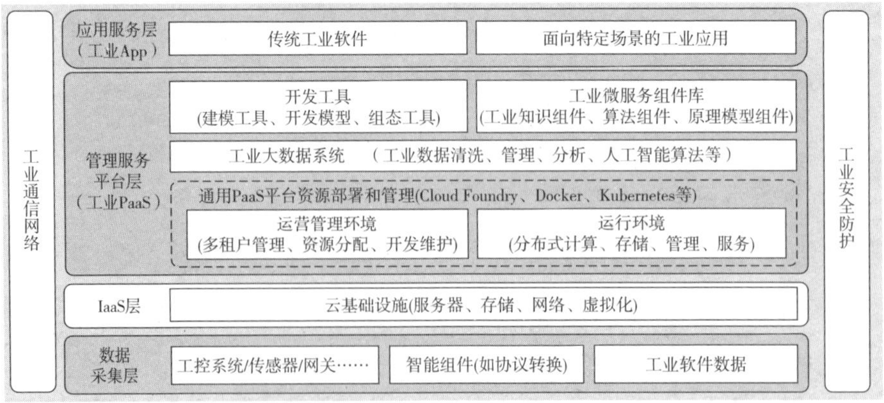

图4–1 工业互联网平台参考架构

◆数据采集层

数据采集层是工业互联网平台的核心驱动层，能够深层次采集和汇聚不同协议的海量数据。其主要具有以下两方面的功能：

（1）利用传感器、物联网技术、工业控制系统等实时采集工业设备数据、产品数据、系统数据、软件数据等。例如，利用智能控制器、嵌入式软件、智能模块等可以直接集成底层数据。

（2）可以利用新型边缘计算设备如智能网关等对智能传感器、工业设备的数据进行汇聚和处理，同时将边缘分析结果传送给云端平台。目前，市场上存在多种边缘连接手段，这些连接手段有助于实现工业互联网的泛在连接，同时能够极大地丰富数据来源。

◆管理服务平台层

管理服务平台层以工业 PaaS（Platform as a Service，平台即服务架构）为基础，具备多种服务和开发功能，如工业微服务、大数据服务、应用开发等，可以与移动互联网操作系统相媲美。

（1）管理服务平台层具有强大的工业数据分析能力，它能将云计算、大数据技术与工业技术、知识、经验等相结合，形成专业软件库、应用模型库、专家知识库等，把数据资源转变为可移植的开发工具或可重复利用的微服务。

（2）管理服务平台层具备完整的工业数据服务链，不仅可以为企业提供各种各样的工业模型，还能提供数据存储、数据共享、数据分析等多种服务。同时，该层级中既具有先进的智能分析工具，又具有各种专业的处理方法，在它们的帮助下，用户可以方便、快捷地实现对工业数据的集成管理和价值挖掘。

（3）管理服务平台层具备良好的应用开发环境和众多的工业数据服务，它能为企业提供各种工业应用开发工具，并能为生产制造提供各类工艺知识和行业经验，同时还能提供完善的应用开发和运维管理手段。

基于这些能力，该层级可以根据用户的个性化需求，定制专业的智能应用App，从而提升其商业价值。

◆应用服务层

应用服务层是工业互联网平台服务的输出层，主要是在开放环境中部署各种应用，服务工业各环节场景。

该层级服务的主要应用场景有以下四种：一是智能化生产场景；二是网络化协同场景；三是个性化定制场景；四是服务化延伸场景。面向这些智能制造和工业互联网的典型应用场景，应用服务层可以为企业提供各种定制化的智能工业应用和生产问题解决方案，如图4–2所示。

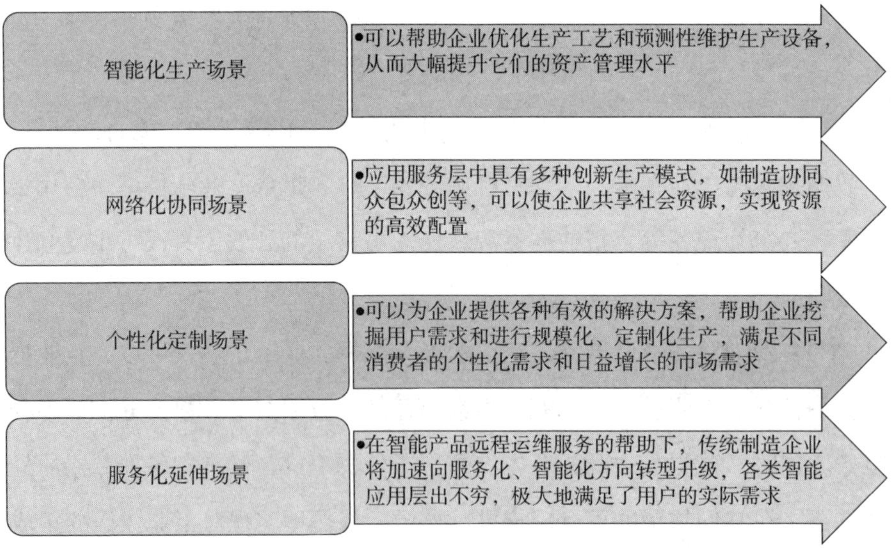

图4–2　应用服务层的四大应用场景

此外，工业互联网平台还包括两大要素：一是强大的网络通信基础设施；二是完善的安全管理体系。这两大要素是工业互联网平台的基础和保障。

资产优化平台

资产优化平台具有非常广泛的应用，尤其是在设备资产管理与运营方面。该平台能通过多种传感器与智能终端设备连接，并利用传感技术从终端设备上收集大量工业数据，然后通过云计算技术对这些数据进行智能分析，最后利用专业的App为企业提供智能生产和智能决策等服务。

资产优化平台能兼容人工智能、大数据等先进技术，可以为第三方企业提供优良的开发环境。这类平台的代表有西门子的MindSphere平台、美国通用电气公司的Predix 平台等。可以说，强大的资产优化平台是企业在未来制造业的竞争中占据主导权的决定因素。目前，资产优化平台建设的主力主要是GE、西门子等工业巨头，如表4–2所示。

表 4–2 资产优化平台一览表

平台类别	公司	平台名称
资产优化平台	GE	Predix
	西门子	MindSphere
	ABB	ABB Ability
	三一重工	三一根云
	徐工集团	徐工工业云

以西门子的MindSphere为例，作为一个开放的生态系统，MindSphere可以通过遍布于世界各地的西门子设备、应用程序接口等获取数据。

MindSphere拥有丰富的行业知识，可以为企业提供专业的数字化服务。该平台共有三个层级：边缘连接层、开发运营层和应用服务层，它们分别对应MindConnect、MindClound、MindApps 三个核心要素。其中，MindConnect的功能是将数据传输到云平台；MindClound能为用户提供数据分析服务、应用开发环境和应用开发工具；MindApps能为用户提供实时监控、数据管理、能源优化等工业智能应用。

作为工业互联网竞争的制高点，资产优化平台能像“操作系统”一样承载各种应用，从其特征可以看出，它是互联网创新技术和生态模式在工业领域的复制与融合。

资产优化平台能融入各种主流、前沿技术，如物联网、云计算、大数据、人工智能等。例如，西门子的MindSphere平台融入了先进的内存计算模式和IBM Watson人工智能技术；GE的Predix平台融入了云计算技术和开源架构Cloud Foundry；东芝与EMC共建的工业互联网测试床人工智能平台融入了机器学习技术。

资产优化平台可以复制互联网行业的开发模式和应用服务提供模式。例如，MindSphere、Predix等平台都能为用户提供优良的开发工具和稳定的开发环境，支持第三方开发者和应用程序的接入，可以像安卓App商店、苹果App商店那样为用户提供第三方开发应用生态。

制造业向智能化、绿色化、服务化和高端化转型升级，离不开资产优化平台的支撑。资产优化平台能利用传感器设备收集设备运行数据，并利用数学模型对海量经验数据和实时运行数据进行集成和分析，最后利用分析结果为用户提供各种智能化服务，包括设备远程监控、设备预测性维护、生产能效管理等。有了这些智能化服务的支持，企业能够大大提高机器效率，降低生产能耗和设备故障率，进一步拓展服务空间和价值空间，获得更大的经济和社会效益。

埃森哲预测，到2030年工业互联网将为全球创造15万亿美元的经济价值。GE对我国工业互联网的发展情况进行了相关预测，认为依托基于工业互联网的资产优化平台，我国工业企业的生产成本将降低20%，生产效率将提高20%，生产能耗将下降10%。

资产优化平台在长期竞争中具有重要地位，是工业企业获得未来制造业主导权的“必争之地”。而推动这类平台建设的主要力量是西门子、GE等工业巨头。这类企业可以通过资产优化平台进一步强化自身在所从事领域的主导地位。

• 企业利用这类平台可以为消费者提供丰富、专业、智能、精准的应用服务，给用户带来智能化的体验，使用户对其产品产生更强的黏性，简单来说，就是基于资产优化平台充分利用用户数据，为用户提供高质量的服务，科学地从用户那里赚取利润。

• 资产优化平台可以优化第三方工业设备，这就需要第三方企业为平台开放数据，按照平台标准执行，同时还要依附于巨头企业，推动平台建立行业标准。

• 借助资产优化平台可以持续获取用户的海量数据，提前对行业风险、企业风险进行精准预测，同时当海量数据聚集于平台后，用户对平台服务的依赖度和忠诚度便会提高。

- 基于资产优化平台，可以培育开放的开发者生态，打造一个产品开发和应用的良性循环，同时能够利用App服务产生收益。

对企业来说，构建资产优化平台具有很大的战略意义，可以帮助企业长期掌控产业的主导权。资产优化平台具有以下几大特点：一是技术知识密集；二是产品附加值高；三是应用关联性强；四是产业带动性大。它是高端制造的重要组成部分，也是高端产品的优化服务站，有助于形成“先进产品+智能服务”的高端制造2.0。

资源配置平台

资源配置平台是由我国企业自主创立的一类平台，国外企业中几乎没有这类平台的身影。资源配置平台对我国实体经济转型来说具有非常重要的作用，利用这类平台，可以很好地解决我国工业领域出现的资源配置不合理、结构失衡等问题。

我国制造业供给侧要想实现改革，可以将资源配置平台作为新抓手。资源配置平台能促进产能优化，具体来说，它能向生产制造领域引入分享经济、众创经济等新理念，不仅能推动制造业对外开放资源，还能促使制造业创新资源，能够帮助企业将闲置的资产充分利用起来，为用户带来新的增长点。

例如，航天云网专有云与600多家企业进行了连接，实现了工业设计模型、专业软件以及1.3万余台基础设施设备之间的信息联通和数据共享，既能够解决部分生产单元闲置问题，又能够解决部分生产单元超负荷运转问题，能够极大地提升企业的资源利用率。

资源配置平台能有效组织调度各类要素资源，将各类资源和能力汇聚在一起，通过云接入和云管理技术调配这些资源，对各生产制造环节进行资源优化。它不仅能实现制造企业与外部用户需求之间的对接，同时也能实现创新资源与生产能力的对接。另外，资源配置平台能有效促进产能优化和区域协同，支持各类新型业务，对我国供给侧改革起到极大的推动作用。目前，我国的资源配置平台如表4-3所示。

表 4-3　资源配置平台一览表

平台类别	公司	平台名称
资源配置平台	航天科工	INDICS
	海尔	COSMOPlat
	智能云科	iSESOL
	美的	MeiCloud
	中纺衣码通	Ctgcp

以航天科工的INDICS平台为例，INDICS平台在IaaS层建立的数据中心可以为企业提供多种功能，包括大数据存储、产品分析与服务等。同时，该平台还可以在PaaS层为软件定义制造提供引擎服务，为开发者提供组件库和接口等。目前，INDICS平台对用户开放了500多种自研软件，应用范围覆盖到全产业链和产品全生命周期。

INDICS平台已经与600多家企业实现了连接，能够与各企业共享设计模型和设备设施等，帮助企业解决生产单元闲置、超负荷运转等问题。例如，河南航天液压气动技术有限公司利用INDICS平台将研发周期缩短了35%，资源利用率提升了40%，生产销量提高了40%。另外，INDICS平台还可以向企业提供空闲制造能力，有需要的工业企业只需要通过在线租用方式便可获得这种能力，从而释放自身产能。

这类平台能推动产业协同，打破地理约束和信息不对称限制，使区域乃至全球的生产实现协同。以智能云科平台为例，该平台是由沈阳机床、神州数码和光大金控共同建立的资源配置平台，可以将全国各地的数控机床连接起来，按需智能匹配产能。需求方提出大规模订单后，其周边的产能便可以快速承接，如果订单量较小，也可以在合并汇聚成大订单量后再交由周边产能承接。另外，用户还可以借助平台实时查看生产设备应用状况，控制生产进度，把握生产信息，按需制定生产目标。

这类平台可以提升企业的供给质量，实现前端大众用户与后端智能工厂的供需交互和精准对接。平台以用户为中心，可开展C2B定制功能，满足市场中的个性化、多样化需求，实现提质增效、品牌创新、品种创新等，避免库存积压和产能过剩。以海尔的COSMOPlat平台为例，该平台能根据用户需求直接安排订单生产，用户可同步预约下单，不必再花费额外时间进行生产对接。在该平台的支持下，用户对产品开发设计的参与度可达100%，每条生产线的产品100%拥有对接客户，企业生产周期缩短超过50%。

通用使能平台

通用使能平台可以为用户提供多种基础与通用性服务，如云计算、物联网、大数据等。这些服务的提供方主要是加入该平台的ICT企业。不同的通用使能平台所侧重的业务重点也不同，如微软的Azure、SAP的HANA、亚马逊的AWS、阿里巴巴的阿里云、腾讯的腾讯云等主要侧重云服务的数据计算与存储，思科的Jasper、华为的OceanConnect等主要侧重物联网设备连接管理。通用使能平台如表4-4所示。

表4-4 通用使能平台一览表

平台类别	公司	平台名称
通用使能平台	微软	Azure
	阿里巴巴	阿里云ET工业大脑
	亚马逊	AWS
	SAP	HANA
	思科	Jasper
	华为	OceanConnect

资产优化平台、资源配置平台和通用使能平台是工业互联网的三大平台，其中通用使能平台可为前两种平台提供如云计算、物联网、大数据等基础性、通用性服务。这三大平台都是通过工业互联网连接机械设备来提供差异化服务的。

- 资产优化平台能与底层物理设备进行深入且频繁的交互，其直接优化对象包括终端设备、生产过程等，不过由于其建设难度较大，既需要企业的一级设备覆盖率达到较高水平，也需要企业自身拥有很强的技术积累。
- 资源配置平台具有较强的垂直行业属性，不仅对信息化集成应用水平具有较高要求，同时还对供应链管理水平有较高要求。
- 通用使能平台与工业互联网的基础设施层密切相关，能为工业互联网产业体系提供基础和通用技术支撑，包括设备连接、数据计算与存储等。

其中，通用使能平台不仅能为工业互联网提供技术支撑，同时也能为金融、娱乐等产业提供广泛的服务。通用使能平台的发展比工业互联网的发展更早，甚至从狭义上来看，它并不属于工业互联网平台。

目前，ICT巨头们纷纷在工业互联网领域进行布局建设，并将其作为重点业务进行拓展，其目的在于为后续资产优化平台、资源配置平台的部署建设提供基础技术支持，使上层平台专注于为工业生产的垂直领域提供服务，进而使这些平台实现专业化、精细化的分工，并在生产制造中充分发挥叠加效应。

例如，GE的Predix是基于微软的Azure平台建立的，可以获得微软的技术支持，包括云服务基础架构、人工智能、高级数据可视化等；西门子的MindSphere是基于SAP的HANA建立的，同时又得到Azure平台的支持；三一集团的三一根云平台是基于腾讯云建立的，可以获得腾讯云提供的大数据存储和运算能力。从广义上来看，通用使能平台也是工业互联网平台中不可或缺的一类。

由此可见，GE、西门子、博世、ABB等工业企业主要是以提供产品和服务来塑造自己的立体新优势，从而形成“知名品牌+高端产品+先进平台”的竞争力格局，这与当年致力于发展智能手机的苹果如出一辙；而微软、IBM、思科、SAP等ICT巨头们的主要目标是抢占线下发展主动权，致力于探索工业互联网业务的新方向，这与当年依托通用服务技术进军智能终端领域的谷歌相似。

第五章
数字基建：驱动工业数字化转型

数字新基建的核心基石

2018年12月，中央经济工作会议首次将5G、人工智能、工业互联网、物联网等列为“新型基础设施”；2019年，我国政府将“加强新一代信息基础设施建设”写入《政府工作报告》，并作为重点实施；2020年，中央政府多次提出关于“新基建”的战略部署，并把5G基站建设、特高压、城际高速铁路和城市轨道交通、新能源汽车充电桩、大数据中心、人工智能、工业互联网七大领域列入新基建范畴。

目前，全球经济遭受新冠肺炎疫情的重创，经济社会迫切需要朝着数字化、智能化方向发展，而“数字新基建”是经济发展的重点内容，推动以工业物联网平台为代表的新型基础设施建设，有利于企业在未来数字化竞争中取得新优势。

“数字新基建”的本质是建设数字资源开发和管理体系，其中要以工业互联网平台建设为重点内容。这是因为：第一，“数字新基建”的需求源自行业数字转型的需要，它是一套以数据的采集、传输、分析等为核心功能的共性信息技术基础资源；第二，工业互联网平台是建立在海量云资源之上的平台，汇集了工业设备数据、业务系统数据、工艺知识、软件工具等关键数据和资源，能够为各行各业提供丰富的云服务，支撑各行各业的全面互联、数据应用和应用开发创新等。

◆工业互联网平台建设是一项基础性的系统工程

作为一种综合应用体系，工业互联网平台融合的核心技术包括大数据、云计算、人工智能、虚拟现实等；涉及的主要业务包括工业机理模型库建设、工业App开发、系统解决方案研究等；覆盖的重点产业包括工业、通信业、信息技术服务业等。

工业互联网平台的主体丰富，大、中、小企业均有涉及，包括智能硬件设备供应商、应用软件供应商、平台运营服务商、平台用户企业、第三方开发者等，如图5-1所示。工业互联网平台建设需要投入大量资金和时间，其整体建设周期比较长，不仅要建立集成开发、知识复用、能力交易的良好环境，还要帮助企业实现数字化、智能化改造。

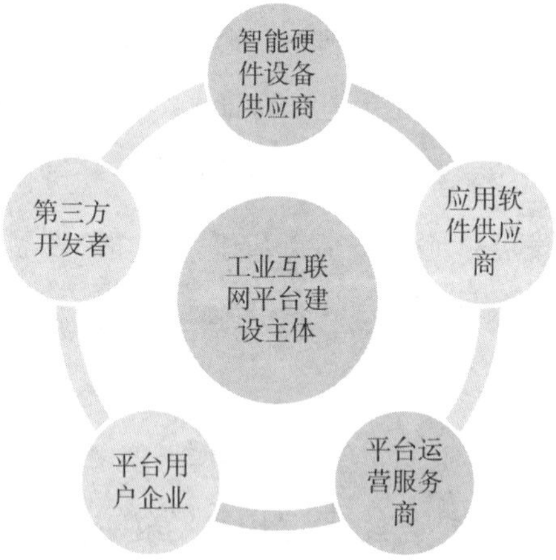

图5-1　工业互联网平台建设主体

◆工业互联网平台是制造业数字转型的基础支撑

工业互联网平台是制造业与新一代信息技术深度融合的产物，同时也是制造业数字转型的基础支撑，可以为用户提供数据、资源、生产方式等方面的支持，具体包括以下四个方面：

- 工业互联网平台是工业数据的重要枢纽，能够实现企业内部数据、供应链上下游数据、供应链数据之间的联通，为各类工业场景提供数据支撑，具体应用包括优化制造工艺、质量管理等。
- 工业互联网平台能汇聚大中小企业的数据、人才等资源，实现资源的在线汇聚、平台共享和高效应用。
- 工业互联网平台基于传统云平台发挥物联网、大数据等先进技术的叠加效应，旨在打造一种新型制造体系，该体系具备软件定义、数据驱动、平台支撑等特点。
- 工业互联网平台是一个开放、合作的平台，能够实现双向赋能，不仅能打通业务流，同时也能培育共享制造、供应链金融等新模式和新业态。

◆工业互联网平台是经济高质量发展的重要基石

工业互联网平台打破了工业技术的封闭状态，通过开放和共享应用为经济增长和创新发展注入动力，带动了数字经济和智能工业的共同发展。其发挥的重要作用主要体现在以下三个方面：

- 有利于提高生产管理效率，加快商业模式创新和生产服务业转型，重新构建生产制造服务体系。

• 能够不受时间和空间限制，高效优化和配置区域内资源，实现供需精准对接和线上线下良好互动，带动产品创新和区域经济发展，推动如东南沿海经济区建设、长三角一体化等工程孵化。

• 能在当下环境中，实现资源共享、业务协同，能带动社会就业，有利于推动低门槛、高活力、广覆盖的创业创新服务体系建设，拓展零工经济就业模式。

驱动我国工业数字化转型

在数字时代，我国信息化发展的新战略是打造“数字中国”。这一战略举措不仅能满足人民日益增长的美好生活需要，同时也能带动我国经济朝着高质量方向发展。而要建设“数字中国”，就要加快发展工业互联网，构建数据驱动的新型工业体系，提高资源配置效率和全要素生产率，实现工业经济发展动力的转变和发展方式的升级。

◆制造业数字化转型

建设“数字中国”，首先要实现制造业数字化转型，这同时也是发展数字经济的前提条件。

数字经济始于消费领域，目前正在加速向工业领域延伸。人类进入21世纪以来，互联网实现了20年的高速发展，如今的互联网技术已经覆盖到消费领域的各个方面。经过市场迭代和用户试错，互联网技术创新发展的速度不断加快，目前基本格局已定，市场竞争由蓝海阶段转入红海阶段。

与消费领域相比，互联网技术与工业领域的融合具有更多的应用场景、更高的技术要求、更长的价值链与产业链、更大的发展空间。总体来说，两者的融合正处于蓝海阶段，这也是互联网发展的下半场，受到产业界、学术界、投资界等各界人士的高度关注。

目前，数字技术与实体经济的深度融合有目共睹。这主要体现在两个方面：一是大数据、云计算、人工智能等新一代信息技术在制造领域获得进一步应用，并基于制造业形成了一个庞大的虚拟数字空间，在这个虚拟空间中，新产品的试验成本将会大幅度降低，以数据为基础的工业机理知识模型将不断被创建；二是新一代信息技术的应用极大地改善了企业与企业之间的关系，使它们建立起更加紧密的联系，随着跨组织、跨领域的合作持续增多，未来企业的竞争中会有合作，合作中也会有竞争。

在未来的数字经济中，工业数据将成为重要资产。与消费数据相比，工业数据的体量更大，其价值和潜力也会更大。所以，工业数据是一座巨大的宝藏，有待人们去深入挖掘。在数字化转型升级过程中，工业企业往往能产生海量的工业数据，如果能利用工业互联网平台将这些数据汇聚在一起，就能够帮助企业优化各个生产环节，如进一步优化研发设计、生产制造、业务运营、资产管理、售后服务等。

目前，工业企业已经对数据的价值有了较为充分的认识，而如何更好、更快地挖掘数据的价值是每个企业都在探索的目标。

◆我国工业数字化转型的路径

在工业互联网背景下，人、机、物将实现全面互联，这意味着借助工业互联网可以实现全要素、全产业链、全价值链的全方位联通，有利于构筑一种新的工业生产制造和服务体系。工业互联网能够为传统产业升级提供动力，同时也是推动工业数字化转型的重要引擎。在工业互联网的作用下，经济社会将实现高质量发展。

工业互联网是一种制造业的基础设施，这种基础设施是以网络云为基础建立起来的，具有数字化、网络化、智能化的特点。工业互联网也是一种能实现全面互联互通的平台，可以为企业提供跨设备、跨系统、跨厂区、跨地区的连接服务。

企业可以借助这一平台优化设计、生产、管理、服务等制造活动，同时能够依托这一平台进行技术创新和组织管理变革。企业通过工业互联网平台能更广泛地打破物理边界和组织边界，消除企业内部、供应链上下游、供应链之间的数据孤岛，形成无边界组织，实现资源协同和价值创造，将传统价值链拓展为价值网络。

而制造业转型升级也有赖于工业互联网。工业互联网是融合了新一代信息技术和现代工业技术的综合技术体系，包含了数字化、网络化、智能化的多种通用目的。从本质上看，工业互联网是一套采集互联体系，能够对海量工业数据进行精准、实时、高效的采集和分析，从而帮助企业优化资源配置、提高全要素生产率，它不仅能推动经济发展的质量变革，还能推动效率变革、动力变革等。

工业互联网一方面能挖掘传统制造业发展潜力，另一方面也能加快先进制造业发展步伐。对传统制造业来说，工业互联网能为其引入新技术、新管理、新模式等，有助于其实现网络化、信息化、智能化、数字化转型升级；对先进制造业来说，工业互联网能为其催生多种新型制造模式，如智能化生产模式、网络化协同模式、个性化定制模式、服务化延伸模式、数字化管理模式等，从而进一步推动先进制造业向更高智能方向发展。

赋能数字化“战疫”

在新冠肺炎疫情的冲击下，我国经受了全方位的考验，特别是在应急医疗、公众健康、疫情防控、复工复产等方面都受到了前所未有的挑战。而新一代信息技术在抗击疫情的过程中发挥了重要作用。工业互联网平台作为新型基础设施，不仅能够推动我国工业的数字化转型升级，在此次“战疫”中也发挥了广泛且独特的作用。

工业互联网平台可以实现人、物、企业之间的全面互联互通，既能够支撑工业应急和产业复工，又能够满足健康防护、就业促进、物资保障等方面的民生需求。工业互联网平台能打破物理边界，使机器与产线不再局限于传统组织形式，同时能以人为本形成有温度、有担当的平台，并能充分体现平台的社会价值和意义。具体来看，在应对新冠肺炎疫情的过程中，工业互联网平台主要从三个方面发挥了作用，如图5–2所示。

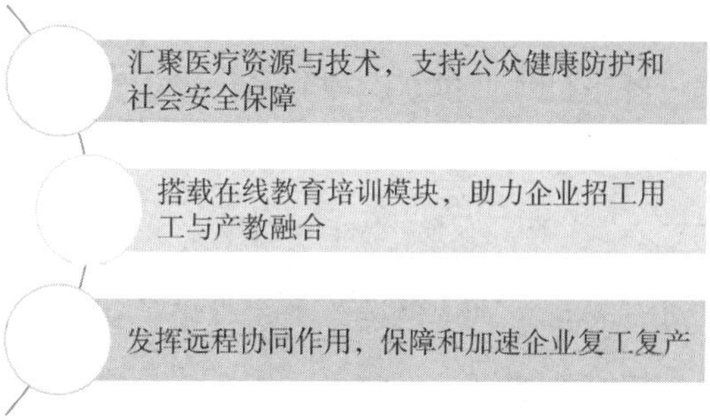

图 5–2　工业互联网平台的数字化“战疫”

◆汇聚医疗资源与技术，支持公众健康防护和社会安全保障

新冠肺炎疫情期间，广大医护人员奋不顾身投身“战疫”一线，为人民的生命安全提供了巨大保障，与此同时，工业互联网平台企业也充分发

挥自身优势，利用大数据、人工智能等技术进行信息汇聚发布和资源优化调度，各企业、各部门之间互为支撑、共同协作，为公众健康防护与疫情防控工作做出了自己的贡献。

（1）在健康资源查询、医疗物资供需对接方面。许多工业互联网平台企业与研究院所在数字健康资源供给、医疗物资供需对接等方面做出了自己的贡献，其中具有代表性的企业和研究院所包括中国信息通信研究院、腾讯、海尔、航天云网等。这些工业互联网平台企业与研究院所结合平台信息和自身传播与知识管理能力快速开发、上线多种资源协同应用，覆盖多样化的疫情需求。

（2）在公众健康防疫与便民服务方面。疫情期间，腾讯、百度、阿里巴巴等工业互联网平台企业相继推出健康码解决方案，为疫情防控工作提供了极大便利。以国家信息中心和腾讯公司共同推出的健康码方案为例，该健康码方案已经在全国100多个城市的部分基层社区使用，大大提高了疫情相关数据的采集和使用效率，可以提供的抗疫服务主要包括社区人员和复工人员登记、健康自查上报、疫情线索举报、发热门诊查询、口罩预约购买、医疗物资捐赠等。

腾讯公司在疫情期间借助微信平台推出了在线问诊和医院查询功能，有效为人民群众解决了医疗资源紧张、生病不便出门就医等现实问题。同时，腾讯医典邀请两名权威专家共同编审“新型肺炎”词条内容，为民众提供涵盖症状、病因、就医、预防等多个方面的科学防疫知识，并及时推送疫情最新进展消息。

（3）在信息技术助力方面。疫情管控技术存在短板，而以人工智能技术为代表的新一代信息技术的广泛应用恰好能补齐这一短板。

人工智能技术可应用于工业领域的多种场景之中，如质量检测、故障诊断、知识管理等。而工业互联网平台是分配和调用人工智能等技术的“指挥部”，汇聚了成熟的AI技术中台与算法库。腾讯、海尔等企业借助工业互联网平台的强大算法和算力为CT辅助检测、病毒基因测序等工作提供了巨大帮助。

例如，腾讯公司为武汉协和西院、武汉日海方舱医院、洪湖市人民医院等提供了可移动人工智能CT装备。该装备搭载的“腾讯觅影”AI系统可以辅助医生对新冠肺炎患者进行快速诊断，在几秒内就能完成对患者CT数据的分析和判定，并能在一分钟之内给予医生诊断参考。AI辅助医生诊断可以大大提高检查效率，使患者能快速确诊和及时接受治疗。

◆搭载在线教育培训模块，助力企业招工用工与产教融合

新冠肺炎疫情在给线下教育带来冲击的同时，也为线上教育的崛起提供了契机。工业互联网平台企业借助平台技术和知识优势积极为从业者提供产教融合服务，包括免费线上教育培训、公益直播等。

（1）在线上教育培训方面。根据制造业企业的需求，工业互联网平台企业构建了在线职业培训平台。以腾讯与合作企业打造的在线职业教育平台为例，该平台融合了AI、VR/AR等技术，可以根据制造业职业教育特点为制造业人员提供系统化的培训。

腾讯在线职业教育平台能为学员提供评测、学习、练习、考试等多种功能，同时能为管理人员提供用于进行动态管理和数据分析的课程

库、题库、考试库、人才库等，可以形成良好的学习闭环和管理闭环。

另外，该平台还能提供一些特色功能，如实操培训、远程实操考试、AI随机生成故障案例等。在这些特殊功能的帮助下，学员们可以在虚拟仿真工作环境中最大限度地体验实际操作过程，大大缩短了学习和培训的时间，为学员们能尽早参与实际工作提供了保障。

（2）在教育内容制作与传播方面。工业互联网平台不仅拥有丰富的专家社区资源，同时还具备强大的泛在连接能力。这一方面可以极大地保障在线教育培训的内容质量；另一方面也能保障在线教育培训的高效传播。疫情期间，“产、学、研、用”等各个领域的专家借助工业互联网平台快速整合设计了多种高质量的教育课程，覆盖智能制造、工业互联网等多个热门领域。

基于垂直社区，这些高质量的在线培训课程可以借助微信群、朋友圈等社交工具和平台实现裂变式传播。在传播过程中，拥有丰富运营实战经验的工业互联网平台企业的运营管理团队可以起到良好的支撑作用。

◆发挥远程协同作用，保障和加速企业复工复产

工业互联网平台可以借助计算、网络、语音、视频等技术为企业提供丰富的网络协同解决方案。疫情期间，华为、腾讯等工业互联网平台企业面向合作企业推出了多种网络协调解决方案，包括协同办公、远程运维、设备健康管理等。

这些网络协同解决方案不仅能使企业在特殊情况下快速实现协同办公、远程运维诊断等，还能帮助企业降低生产成本、提高生产效率。更加难得的是，即使是在用户爆发式增长期间，这些企业也能基于工业互联网平台保障各项服务的平稳运行。

以腾讯的WeMake复工管理平台为例，该平台可为制造业企业提供的网络协同解决方案包括智能视觉检测、设备健康管理、AR远程运维等。同时，这些网络协调解决方案能够借助微信小程序实现社区推广和精准覆盖。

我国工业互联网平台的发展路径

2017年，国务院对外发布《深化“互联网+先进制造业”发展工业互联网的指导意见》，并得到了社会各界的大力支持和共同响应。经过几年的发展，我国在工业互联网平台建设方面取得了良好的成绩，已经从概念普及阶段步入实践生根阶段。在整个过程中，工业互联网平台建设主要采取了六大措施，如图5–3所示。

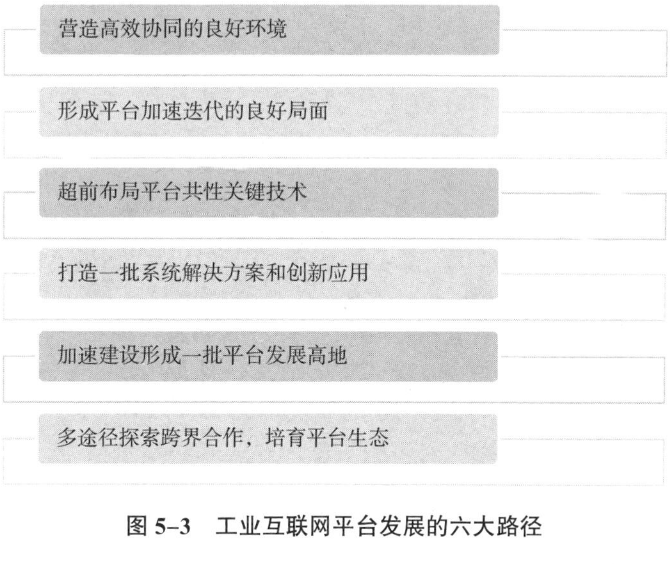

图5–3　工业互联网平台发展的六大路径

◆营造高效协同的良好环境

为发展工业互联网，我国正在稳步推进相关创新发展工程和试点示范项目。目前，已有多个省市就发展工业互联网正式发布本地推进政策，积极搭建工业互联网产业生态体系，不断激发产业生态体系活力，形成了“共建平台、共享平台”的良好氛围。

我国工业互联网平台在近几年的发展中产生了明显的变化，无论是发展速度还是应用水平都有显著的进步。根据工业和信息化部提供的数据，截至2019年3月，我国有11家企业在工业互联网领域取得了骄人成绩，这些企业基于工业互联网平台的工业设备连接数可达59万台，注册用户数超过50万人，数据累计超过1000TB。

◆形成平台加速迭代的良好局面

众多信息通信企业、工业制造企业、互联网及软件企业已开始加快在工业互联网领域的布局建设，各产业自由发展，各行业欣欣向荣，各平台不断迭代升级。此外，各平台还致力于创新服务理念和提高服务水平。

以“树根互联”平台为例，自“树根互联”平台推出3.0版本后，其数据接入效率提高超过5倍，App开发效率提升40%。而另一代表海尔COSMOPlat平台也拥有强大的用户服务能力，该平台将大规模定制分为交互、研发、营销、采购、生产、物流、服务七大板块，且能实现灵活订阅和连接嵌套。此外，美的、联想、中国电子等企业纷纷基于平台推出各种新产品，持续加速产业创新发展。

◆超前布局平台共性关键技术

为提升自身前沿性和融合性技术研发能力，众多龙头企业一方面不断加快产业化工程步伐，另一方面持续加快平台核心技术研发进程。这些操作的具体表现有：

- 浪潮集团在芯片和操作系统方面取得了一定成绩，不仅开发出云海OS通用云操作系统，同时也开发出针对能源领域的低功耗实时操作系统。
- 目前，大多数企业在设备接入与协议转换方面都已经研发出面向边缘网关的产品，如华龙讯达开发的Ceres机器宝终端能够与全球80%以上的工业软件和控制接口实现对接。
- 华为在平台开源框架及工具方面表现突出，不仅对外发布了平台开源项目，还对外分享了“利用开源、回馈开源、高于开源”的行业理念。
- 紫光集团与中国移动在5G和人工智能等新技术应用验证方面表现优异，两者联合开展了5G环境下的网络切片技术融合应用可行性验证。

总之，各龙头企业需要共同努力才能提高我国共性关键技术的研发与应用水平。

◆打造一批系统解决方案和创新应用

各工业互联网平台企业要积极创新，不断提升自身综合服务能力，努力研发创新解决方案，形成一系列优秀应用案例，解决企业生产痛点和难点问题。这就需要做好表5-1所示的四个环节的工作。

表 5-1　工业互联网平台企业创新应用的四个环节

发力环节	具体措施
研发设计环节	以中国船舶集团的船海智云平台为例，该平台可优化产业链，实现协同研发与制造，缩短研发生产周期，提升设备纳期达成率和生产效率
生产制造环节	利用平台，基于数字孪生①和大数据分析，生成一批新技术应用解决方案，优化企业生产工艺，提升产品质量，降低成本损耗。例如，富士康利用其ICT治具智能维护方案可以大幅度提升电子元件测试率和产出率，有效节约探针成本等
运营管理环节	以前的企业无法合理调度资源，容易导致生产、运营不畅，现在的企业可以借助平台合理地调度设备、人员、物料等资源。以天瑞水泥为例，该公司利用"用友精智工业互联网平台"大大减少了错发货物量，为企业挽回损失超过2000亿元；同时也为企业很好地解决了供应链协同管理难、用户订单响应不及时等诸多现实问题
产品服务环节	设备制造商要加快推进产品的服务化转型，积极开展产品服务应用，不断创新设备租赁模式等。例如，智能云科基于iSESOL平台积极开展按需付费、即时结算等服务，大大提升了自身加工总效率

◆加速建设形成一批平台发展高地

重点企业要积极制定平台推广战略，并努力通过"区域平台+示范基地"的模式实现平台落地：

- 航天云网基于INDICS平台不断创新，相继推出多个行业云、区域云和大企业服务专区，极大地提升了企业在行业及区域内的影响力。
- 阿里supET平台结合自身区域产业特色相继推出广东飞龙平台、

① 数字孪生：Digital Twin，也被成为数字映射、数字镜像，充分利用物理模型、传感器更新、运行历史等数据，集成多学科、多物理量、多尺度、多概率的仿真过程，在虚拟空间中完成映射，从而反映相对应的实体装备的全生命周期过程。

重庆飞象平台，不断增强了自身的区域定制化服务能力。

• 徐工信息汉云平台不仅积极在国内布局，同时还在“一带一路”沿线10个国家布局，扩大了整体业务范围。

◆多途径探索跨界合作，培育平台生态

工业互联网平台企业在企业合作、人才交流等方面努力推动生态建设，积极完善生态体系，形成了跨界合作模式，主要表现在三个方面，如图5-4所示。

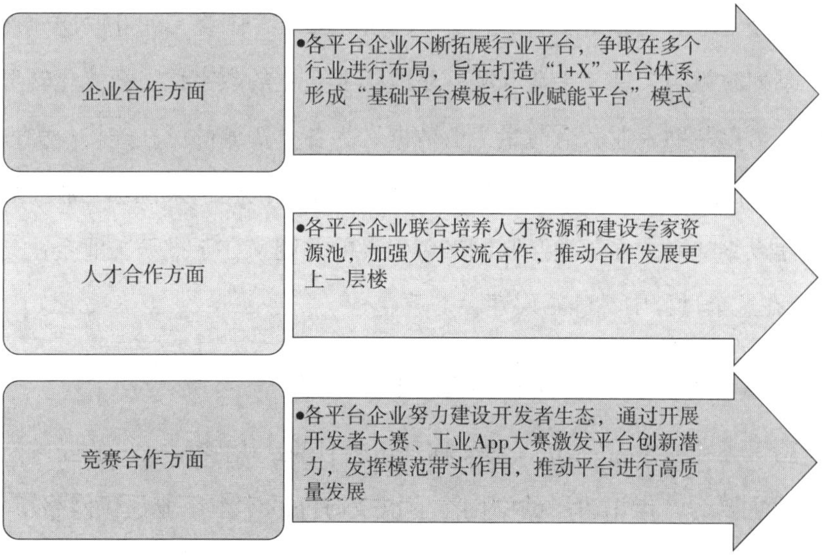

图5-4　工业互联网平台企业跨界合作的三个方面

第六章
腾讯工业云：建立“1+N”平台体系

从消费互联网到产业互联网

2015年，国务院正式印发《中国制造2025》，围绕工业互联网建设发布一系列政策与文件。工业互联网是应工业企业的数字化、智能化转型提出的，可以帮助企业获取海量工业数据，为各类资源的泛在连接、弹性供给、高效配置提供强有力的支持。对于工业互联网建设来说，工业互联网平台建设是核心，而工业互联网平台建设的关键又在于推动工业企业“上云”。在这个过程中，PaaS层建设是重点。

◆腾讯云：从消费互联网到产业互联网

腾讯云（Tencent Cloud）又称腾讯云计算，是腾讯推出的云端运算服务，主要为“走出去”的中国企业以及海外的本土企业提供网络服务。2013年，腾讯公司全面开放腾讯云；2015年，腾讯云开始发力云计算。

腾讯云借助企业微信、微信公众号以及小程序强大的生态转化能力，面向C端客户，全面发力“上云”市场。2018年9月，腾讯对各事业部进行整合，将包括腾讯云在内的所有To B能力全部归入云与智慧产业事业群（Cloud and Smart Industries Group，CSIG）。

腾讯工业云以平台建设为核心，非常注重安全问题。目前，在腾讯云、微服务、DevOps等技术的支持下，腾讯推出了90多个解决方案、200多个行业应用，主要面向地级市的工业互联网平台和重要的产业集群提供服务。例如，腾讯云可以利用AR技术为钢铁企业提供缺陷检测服务等。

一直以来，腾讯都致力于为人与人、人与内容的连接疏通渠道，发力点主要在消费互联网领域。未来，腾讯的关注点将转向环节与环节的连接，发力点将从消费互联网转向产业互联网。经过多年发展，腾讯积累了强大的To C能力，能够帮助企业与现有客户以及潜在客户建立连接，这是腾讯发力产业互联网的天然优势。腾讯云也凭借这一优势吸引了大量企业。因为凭借腾讯公开的用户数据，企业可以挖掘客户的真实需求，直接与客户建立连接。

例如，在制造业领域，随着行业需求减弱，发展速度趋缓，制造企业必须对现有的客户进行剖析，激发存量市场的活力。作为QQ与微信的持有者，腾讯掌握着大量用户数据，这些都是企业求之不得的客户资源。利用这些数据，企业可以绘制精准的用户画像，开展精准营销。例如，腾讯可以通过数据分析了解用户对电子产品的喜好，然后有针对性地向其推荐产品，提高营销活动的精准度与有效性。

在从To C向To B转型的过程中，腾讯建立了明确的目标——积累项目经验，形成技术壁垒。为了实现这一目标，腾讯投入了大量资源在重点行业打造经典案例。如果这一实践得以成功，腾讯就可以得到一个标准化的范式在不同的行业复制应用，但跨行业壁垒依然不容忽视。在这种情况下，腾讯只能选择重点产业进行单点突破，不断深耕。

虽然腾讯面向不同的行业制定了不同的策略，但想要推动项目顺利落地，必须与行业头部企业深度合作，让技术能力与知识经验形成完美互补。一旦腾讯在某个行业打造了经典案例，就可以利用制造行业的集群效应将成功的经验在行业内复制应用。

◆全方位赋能：助力企业数字化转型

在工业互联网建设方面，腾讯云想要充分发挥自身价值需要做好以下工作：一是根据工业企业的实际需求，持续完善自身产品，不断提高服务能力；二是提升工业互联网的公共服务水平，为工业企业提供数字化、智能化的应用与服务；三是帮助企业提高应对市场变化的能力，夯实数字化基础，实现可持续发展。具体如图6–1所示。

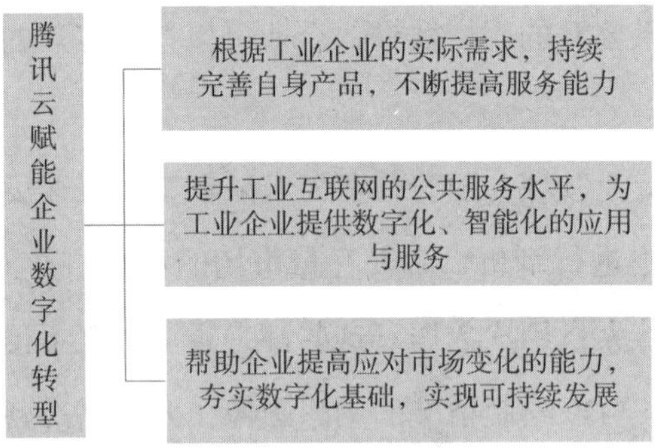

图6–1　腾讯云赋能企业数字化转型的三大方面

腾讯借助旗下工业互联网平台帮助许多企业实现了数字化升级。腾讯在技术、内容、流量等方面拥有较大的优势，愿意积极响应不同行业的号召，在多个工业领域发挥作用。例如，腾讯利用云计算、大数据、网络安全等技术为富士康建设智慧化基础设施，如灯塔工厂等，不仅为富士康的近百万员工提供了优质服务，还为富士康的新一轮数字化变革提供了巨大的动力支持。

腾讯工业云为中小企业提供了丰富的本地化服务。国家统计局统计数据显示，我国企业有85%是中小型企业，这些企业的税收占比超过50%。

可见，中小型企业是我国经济的重要组成部分。腾讯在产业互联网布局方面也十分重视中小型企业，将围绕长三角、京津冀、川渝经济区、粤港澳大湾区四大经济圈构建工业云基地，向广大中小企业分享自己的技术和生态。

工业互联网是助力工业企业实现数字化升级的新型基础设施，因此，腾讯会持续加大在工业互联网领域的投入，发展更多专业合作伙伴，引入更多专业技术人才。腾讯的重点发力方向包括：

（1）在疫情期间，腾讯将免费为企业提供多项服务，如人员防控、在线培训、金融服务、复产复工服务、医疗物资互助等。

（2）一方面，腾讯会继续深挖自己的特色服务，如协同制造、工业超市、在线培训、产业分析、供应链金融等；另一方面，也会集中力量打造工业App市场，开发更多实用的工业应用小程序。

（3）随着新技术不断发展，腾讯会进一步推进5G与工业互联网融合应用，积极探索各种创新应用场景，如车联网、远程运维、智能工厂等。

（4）腾讯会持续提升PaaS服务能力，重点打造数据中台、敏捷开发平台、低代码开发平台、机理模型开发平台，大力培育工业互联网ISV开发者生态，着重开展和推进工业生态伙伴招募计划。

搭建“1+N”工业互联网平台体系

近年来，腾讯、富士康、三一重工等企业通过在垂直领域深度合作，相继推出了各自的工业互联网平台。借助工业互联网平台，这些企业不仅实现了集团内部的集约化管理和服务，同时还实现了业务场景创新、软件开发敏捷化、工业软件服务共享、IT基础资源弹性伸缩、数据互联互通等。另外，在工业互联网平台的支持下，这些企业还可以为产业链上下游的中小企业提供工业互联网服务，帮助中小企业实现转型发展。

腾讯在助力区域产业发展方面也做出了巨大贡献，如腾讯采用“1+N”的方式积极配合地方政府和相关部门建设与当地产业深度结合的区域性工业互联网平台。其中，“1”表示“一套云计算基础设施”，“N”表示“多个行业的工业互联网平台”。腾讯的这一做法为区域产业的转型升级提供了巨大的动力。

目前，腾讯与合作伙伴已经在全国多个城市搭建了工业云基地和区域工业互联网平台，代表性城市包括西安、烟台、德州、张家港等。2020年，腾讯计划陆续在国内落地10家以上的工业云基地，并借助这些基地与广大中小企业共享技术和生态。

【案例6–1】腾讯+华星光电：实现AI自动判片

腾讯利用人工智能技术为华星光电打造了一款AI判片应用。首先，腾讯承接了华星光电T1、T2和T6三家工厂的图片自动识别（Auto Defect Classification，ADC）系统，然后利用腾讯AI训练平台独立开发了相关的AI模型，并为Array/CF/Cell工艺流程的改造提供了有效的方案。腾讯AI自动判片应用可以达到良好的效果，不仅可以为工厂节省50%的人力成本，而且比传统人力判片的速度快10倍。

腾讯AI判片应用可以实时判别产线发送的图片，并为每张图片分配置信度。MES产线在设定阈值大于置信度时会直接接受AI判片结果，这种做法可以大幅度减少人工判片的工作量。腾讯AI判片应用以先进的AI图像算法和缺陷检测模型为基础，不仅可以承受一定程度的产线波动，而且具备自主学习能力和迭代功能。凭借高稳定性和领先于同行的业务指标，腾讯AI判片应用可以快速应用到不同的新产线、新产品中。

腾讯AI判片应用利用AI缺陷检测系统可以在一天内判断140万张生产图片，并能保障海量图片数据与MES系统完全交互，不会出现遗漏；同时，它还能保障几百个模型与站点数据交互的准确性，让GPU资源实现灵活调度。

【案例6–2】腾讯+三一重工：打造“根云”大数据平台

作为国内知名的工程机械制造商，三一重工非常注重在工业互联网领域的布局，已经先后在该领域投入了超过10亿元的资金。不仅如此，为了布局工业互联网，三一重工还专门成立了树根互联技术有限公司，并与“腾讯云”共同创建了“根云”大数据平台。“根云”大数据平台主要解决三大问题，如图6–2所示。

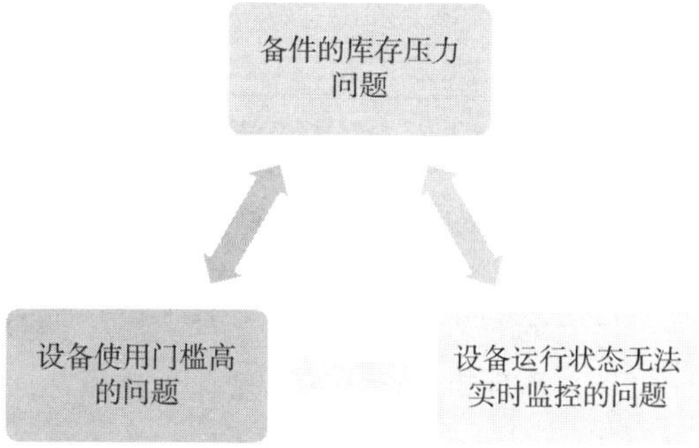

图6–2　“根云”大数据平台解决的三大问题

（1）备件的库存压力问题。由于企业无法准确预测是否会利用备件，因此备件的储存非常有必要，而备件的储存成本普遍较高。

（2）设备运行状态无法实时监控的问题。传统企业无法准确了解设备的运行状况，设备宕机发生率比较高。

（3）设备使用门槛高的问题。大型重工设备的成本很高，一些企业无力承担。

腾讯与三一重工合作，借助腾讯工业云平台打造了“工业物联云”。借助“工业物联云”，这两大企业可以共同为一些细分行业赋能，帮助这些行业实现数字化转型与创新。目前，“工业物联云”已经接入超过30万台高价值设备，包括港口机械、农业机械、工程机械、能源设备、纺织设备、专用车辆等。该平台不仅可以采集近万个参数，完成对千亿元资产的连接和控制，同时还能为企业开拓超百亿元收入的新业务。

“根云”大数据平台借助腾讯云技术共积累了超过1000亿条的工程机械数据，在这一平台的支持下，维修人员可以在机器发生故障2小时内抵达现场，并在24小时内完成设备维修。另外，“根云”大数据平台也可以帮助企业降低备件库存，确保其库存量低于同行业40%以上，同时每年还能为下游经销商节省超过3亿元的备件库存投入。

【案例6-3】腾讯+富士康：构建创新工业PaaS平台

作为全球领先的专业设计制造服务商，富士康的业务范围涵盖了工业机器人、通信网络设备、精密工具、云服务设备等，可以基于工业互联网平台，为客户提供新型电子产品智能制造服务。富士康希望利用工业互联网平台将自己的先进工业科技持续对外输出，让自己的工业应用和工业模型微服务化，并以租赁的方式提供给平台用户使用。

工业互联网平台决定着企业用户的生产命脉，因此，富士康需要建立底层基础设施来支撑整个平台，同时要赋予这些基础设施稳定、可靠、高扩展性等特点，以便全方位地保障平台安全运转。

为此，富士康与腾讯达成合作，将工业互联网的基础设施建设交由腾讯全权负责。腾讯主要利用TCE企业专有云解决方案为富士康解决基础设施建设问题，并通过多地、多中心部署让富士康的跨地域业务实现无缝接入。

工业互联网平台需要适应多租户、多场景、按次计费等需求，针对这些需求，腾讯与富士康共同开展了工业PaaS平台创新，并开发出运营一体化的先进工业互联网平台。腾讯与富士康的成功合作加速了富士康工业科技能力的输出。

工业互联网的发展为富士康带来了新的挑战，为了更好地应对这些挑战，富士康以腾讯云安全解决方案为基础，一方面结合腾讯云端全链路安全能力，另一方面结合自身厂端的安全架构，倾力打造了一套高安全系数的防护体系，可以为用户数据和平台运行添加全方位的“安全防护罩”。

富士康与腾讯云通过精诚合作快速搭建了一个工业互联网平台，不仅如此，双方还在极短的时间内成功推动平台对外提供服务，帮助中小企业实现智能化升级与改造。富士康通过微服务和工业App持续对外输出工业制造能力，既实现了智能化制造，也提升了企业客户的生产效率。

腾讯的“5G+工业互联网”战略

腾讯发力工业互联网的最终目标是通过5G与工业互联网的联合颠覆现有的生产环境，推动生产环境快速变革，借助产品全生命周期管理，通过数字化设计与制造缩短产品更迭周期，满足产品个性化定制的需求。在这个过程中，腾讯将扮演数字化智能化助手的角色，推动“5G+工业互联网”在行业落地。

◆5G与工业、产业的深度融合

在推动工业互联网发展方面，5G发挥着非常重要的作用，可以在各产业企业内部广泛应用，实现万物互联，最终对C端用户的消费行为产生影响。随着5G技术在各个产业的深入应用，整个应用生态与市场将变得更加丰富。

在服务C端用户方面，一方面，在5G技术的支持下，对网络速率、网络时延要求较高的云游戏有了实现的可能；另一方面，与中心云和边缘云相结合，现有的直播与视频等服务的用户体验将大幅提升。在产业端，在5G、云计算、人工智能等技术的支持下，传统行业将实现迭代升级，为工业互联网的发展带来新机遇。

在5G技术的支持下，工业制造到生产消费的整个流程得以贯通，工业互联网生态将变得越发完善，在工业全面互联的基础上，与云端资源和算力相结合实现工业数据智能，在企业内部实现智能化生产，在企业之间实现网络化协同，在企业与用户之间实现个性化定制，在企业与品牌之间实现服务化延伸，进而推动整个产业链实现智能协同。

◆全面参与工业互联网技术和生态建设

为了推动工业互联网建设，腾讯依托现有资源与优势对自身角色进行规划，将作为“连接器”“工具箱”“生态共建者”参与工业互联网技术和生态建设，为其提供必要的基础设施与能力支持，包括IT服务运营能力、生态整合及品牌推广能力、信息安全保护能力以及5G、大数据、AI、区块链及微服务构建能力等。

为了打通从生产制造到消费服务的全过程，帮助工业企业提高生产效率与质量，完成智慧化转型，腾讯打造了腾讯云WeMake，从制造、能力、知识、生态四大层面为企业的数字化转型赋能，并针对不同的应用场景提出了不同的解决方案，这些应用场景包括工企互联、工企智能、工企微信、工企营销、工企孪生和工企信安。

以腾讯云WeMake平台为基础，腾讯利用“1+N”模式推动工业互联网创新，也就是以1个产品形成的工业互联网平台为基础，与N个平台建立连接。目前，腾讯已经建立了2个双跨平台，5家区域平台，部署了包括大数据、微信、人工智能等在内的N个应用。

目前，在推进产业互联网发展方面，腾讯做出了一系列实践。例如，在云边协同方面，腾讯利用5G虚拟专网为边缘侧以及云端提供低时延、大带宽的端到端连接，推动深度学习基础上的AI缺陷分类技术发展，切实提高了质检准确率，每年可以帮助企业节约近3000万元。在微服务平台建设方面，腾讯利用自主研发的微服务架构平台与海量应用及微服务建立连接，可以对工业数据进行筛选、清洗、转化、建模、分析，在全球范围内对设备进行故障检测，开展预测性维护与远程维护等。

◆积极推进5G工业互联网生态革新

近年来，我国企业积极参与5G标准建设，提交并通过的5G网络架构标准提案的数量均位于世界前列。以腾讯为例，腾讯积极主导并促成了“服务访问过程持续保护参考架构”国际标准的建立，并成功地在国际电信联盟（International Telecommunication Union，ITU）立项。另外，在中国通信标准化协会（China Communications Standards Association，CCSA），腾讯主导并促成了两大标准建设：一是导航与位置服务特设任务组（ST9）高精度定位国家标准；二是信息安全技术工作委员会（TC8）零信任安全技术行业标准。

除此之外，腾讯还在技术开源与生态领域发力，与其他企业联合发起Linux Foundation Edge总体项目，在边缘计算项目中派人担任董事会董事，在Akraino Edge Stack项目落地过程中积极推进5G边缘计算、车路协同、5G网络之间接口开源开放等。

为了推动5G技术与互联网应用相融合，并将融合成果在实际应用场景中落地，腾讯与中国联通、中兴通讯联合打造了业内首个面向商用场景的网络切片，在GNTC全球网络技术大会中斩获技术创新奖。

第三部分
行业实践

第七章

汽车行业：开启汽车制造新模式

汽车行业的数字化转型路径

随着智能化、数字化时代的到来，传统汽车行业表现出一系列不适之症，如供应链高度分散、产品研发周期长、供应链管理效率低、下游需求碎片化、服务要求高端化等。想要解决这些问题，实现转型发展，汽车企业必须从研发设计、生产制造、供应链管理、经营模式等环节切入，全面提升数字化能力与水平。

在此背景下，以北汽为代表的汽车企业尝试进行网络化协同设计与规模化定制生产，推动整个行业向协同化、柔性化、定制化方向转型。基于这些企业的实践，我们对工业互联网平台支持下的汽车行业的数字化转型路径进行深入探索，如图7–1所示。

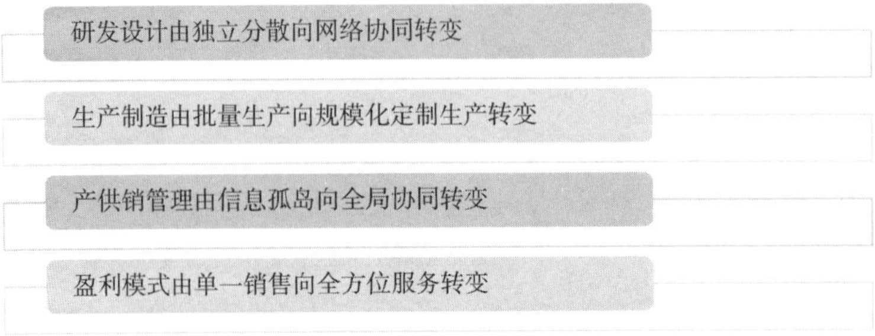

图7–1　汽车行业的数字化转型路径

◆研发设计由独立分散向网络协同转变

汽车的研发设计非常复杂，从外到内依次包括车辆外形、颜色，整体的结构强度，内部的装饰陈设以及各类硬件电器的布置等，覆盖了多个专业领域。传统的汽车研发设计采用的是烟囱化设计业务系统，各模块很难相互协同，使后期设计修改率居高不下。

随着仿真模拟技术与云协作平台的诞生，汽车研发设计各部门可以根据唯一虚拟模型进行设计，各部门可以相互沟通交流，提高协作水平，缩短研发周期，降低后期修改率。

◆生产制造由批量生产向规模化定制生产转变

一直以来，由于我国汽车行业采用的都是批量生产模式，汽车产品存在严重的同质化问题，其市场竞争异常激烈。加之消费者的需求越发个性化，导致很多汽车企业的产品销量严重下滑。

为了适应市场变化，实现可持续发展，汽车企业必须改变传统的大批量生产模式，利用大数据等新兴技术全方位获取消费者的需求数据，结合企业的生产能力与产线转换能力开展定制化生产、柔性化生产，切实提升企业的竞争能力，提高消费者的满意度。

◆产供销管理由信息孤岛向全局协同转变

从汽车生产到销售，汽车企业要和产业链上的众多企业沟通协调，包括零部件供应商、汽车经销商等。在传统的汽车产业链中，各节点存在严重的信息孤岛现象，产业链管理成本极高。

在数字化转型的过程中，汽车企业可以建立数据流动渠道，打通产供销端的信息管理通道，帮助产业链上的各个企业制定科学的采购、销售决策，促使物料信息在整个产业链上自由流动，使产供销端实现高效协同。

◆盈利模式由单一销售向全方位服务转变

传统汽车企业的盈利方式比较单一，就是销售汽车，汽车销量、盈利能力深受市场环境的影响。随着通信技术的快速发展，汽车产品的智能化程度不断提升，汽车企业可以获取人、交通、道路、城市等领域的数据，如车机数据、驾驶行为数据、电商数据、场景化数据。这些数据可以用于各种新兴的业务场景，包括汽车精准投保、预测性维护、智能营销、出行服务等。通过这些有价值的数据资产，汽车企业可以获得更多除汽车销售之外的收入。

汽车智能制造时代的来临

◆研发设计协同

（1）模拟仿真。汽车企业可以在工业互联网平台部署CAE（Computer Aided Engineering，计算机辅助工程）等功能模块，在赛博空间[①]对汽车模型进行仿真，降低样品试制成本，缩短产品研发周期。

（2）设计数据交互。汽车企业可以利用工业互联网平台对汽车的外观、结构、性能等数据进行收集，使各项设计工作可以跨部门、跨区域、跨企业进行，保证各项设计方案的适配性，使汽车研发效率得以有效提升。

① 赛博空间是哲学和计算机领域的一个抽象概念，指在计算机以及计算机网络里的虚拟现实。

（3）工艺设计优化。汽车企业可以利用工艺流程仿真对汽车加工、焊接、涂装、整装等工序进行模拟，确定最终的工艺方案，保证产品质量。

以长安汽车为例，长安汽车在国内外多个国家和地区建立了研发中心，通过汽车产品智能化研发云平台与海外研发中心实现24小时联动，共同进行产品研发，将产品研发周期缩短了12个月——过去研发一款新产品需要36个月，现在研发一款新产品只需要24个月。

◆规模化定制生产

（1）用户深度参与。以工业互联网平台为依托，消费者可以参与汽车的定制生产。汽车企业的销售部门收集客户的定制需求，然后将需求提交给研发和生产部门。研发部门协调现有技术、资源与客户意见生成生产方案，实现定制化生产。

（2）全流程安排生产。在工业互联网平台的支持下，汽车企业可以建立客户定制产品的物料清单，然后根据企业的生产能力与客户的时间要求制订切实可行的生产计划，最终安排组织生产。

（3）柔性化生产。通过搭建工业互联网平台，汽车企业可以定制产品生产方案，对产线布局进行灵活调整，对自动导引运输车进行协调指挥，满足不同产线的物料需求，实现柔性化生产。

荣成康派斯公司利用海尔COSMOPlat工业互联网平台研发的“SINDAR幸达”智慧房车露营生态解决方案，搭建了一系列平台，包括交互定制平台、创新设计平台、模块化采购平台、智慧售后服务平台等，吸引用户直接参与到房车研发生产全过程，使房车实现了规模化定制生产，使综合采购成本降低了7.5%，产品交付周期缩短了15天，一次性交检合格率达到了95%，订单数量同比增长了62%，如图7–2所示。

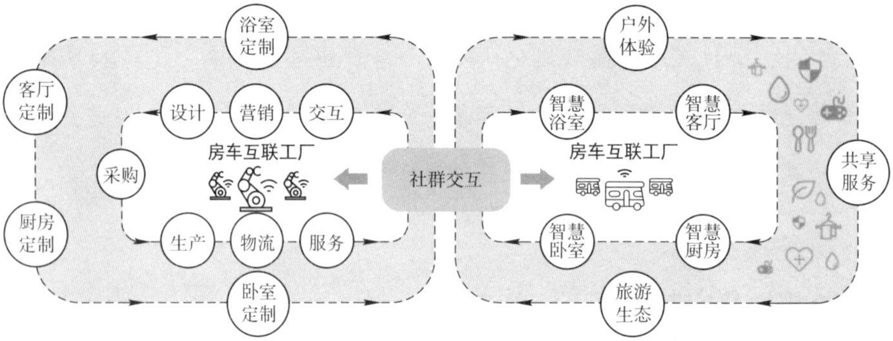

图 7–2 “SINDAR幸达”智慧房车露营生态解决方案

◆产供销协同

（1）“进销存”精准管理。汽车企业可以利用工业互联网平台搭建贯穿整个产业链的沟通渠道，对原料供给、产品需求等情况进行实时监测，根据精益管理要求对企业库存策略进行调整，在满足企业正常运转所需的基础上，对“进销存”进行精准管理。

（2）质量追溯体系。汽车企业可以利用工业互联网平台对汽车零部件、配件、生产工艺进行溯源，对相关信息进行采集并添加标签进行管理，对产品进行全生命周期管理，发现质量问题立即溯源，切实保证产品质量，维护消费者权益。

广西汽车集团利用工业互联网平台对产品生产、销售等全周期的数据进行采集，搭建全流程信息化管理平台，使物料供应、产品生产、客户配送整个流程实现数字化，使产供销等环节实现高效协同，最终将物流效率提升了35%，单据错误率降低了85%，数据及时性提高了50%。

◆服务化延伸

汽车智能制造的服务化延伸主要围绕四个方面开展，如图7–3所示。

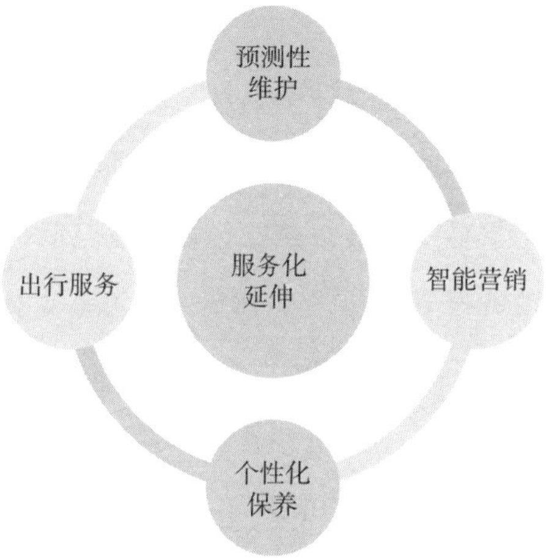

图7–3　服务化延伸的四个方面

（1）预测性维护。以工业互联网平台为依托，汽车企业对生产设备的各项数据进行实时采集，包括设备参数、应力分布等，然后利用大数据等技术构建故障诊断模型对设备故障进行预警，通过预测性维护减少设备因故障导致的停机时间。

（2）智能营销。汽车企业可以利用工业互联网平台与社会大数据体系对接，对目标客户进行识别，绘制精准的客户画像，通过汽车搭载的智能终端进行个性化推送，从而提升整体的营销水平。

（3）个性化保养。汽车企业可以利用工业互联网平台和车联网与客户互联互通，对客户的驾驶习惯、车况数据等信息进行采集，建立故障预警分析模型，为客户定制汽车保养方案，在切实解决车辆问题的同时降低车辆养护成本，让客户享受到更优质的服务。

（4）出行服务。汽车企业可以利用工业互联网平台对汽车进行动态监测，为需要用车的用户匹配合适的车辆，简化车辆租赁流程，打造一个高质量的出行服务体系，满足用户的出行用车需求。

一汽集团利用工业互联网平台对总装车间电机设备的运行状态进行实时监测，开展预测性维护，以减少故障导致的非计划停机事件的发生频率，获得了显著的经济效益。在工业互联网平台的助力下，总装电机故障预测的准确率超过了90%，预测周期提前了7～90天，非计划停机时间减少了10%～20%，节约维护成本5%～15%。

北汽福田汽车利用iTink云平台和车联网与客户建立连接，为客户提供一系列高端服务，如对车辆进行预测性维护、车队管理等，并通过与其他行业的数据体系相连接，建立包含汽车金融、ETC管理等在内的服务生态体系，绘制精准的用户画像，利用大数据标签进行精准推送，为客户提供精准的服务，最终使顾客的回头率提高了20%以上。

汽车工业互联网平台的落地实践

汽车工业互联网平台的落地是一个非常复杂的过程，需要做好三个方面的工作，如图7-4所示。

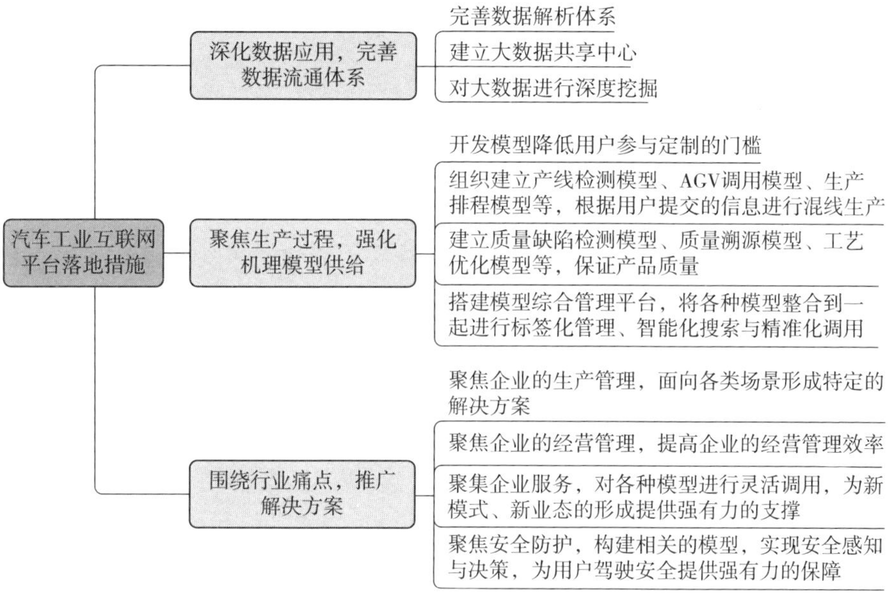

图 7-4 汽车工业互联网平台落地的三大策略

◆深化数据应用，完善数据流通体系

（1）完善数据解析体系。汽车行业的数据类型非常多，包括设备运行状态、实时工艺参数、产品质量、生产计划等。汽车企业需要针对这些异构数据建立高效的数据分析体系，将数据资产的活力全面释放出来。

（2）建立大数据共享中心。将汽车行业的各类数据上传到云端进行存储、处理，充分释放数据的规模效应，通过数据的高效流动促使整个社会的资源实现优化配置。

（3）对大数据进行深度挖掘。探索与金融、保险等行业大数据平台的协作路径，让数据实现跨行业、跨区域流动，为探索新模式、新业态提供强有力的数据支持。

◆聚焦生产过程，强化机理模型供给

（1）汽车企业要以实现个性化定制为目的，开发一系列模型来降低用户参与定制的门槛，如用户信息反馈模型、方案选择模型、产品可视化模型等，提高用户参与定制生产的积极性。

（2）为了实现柔性化生产，汽车企业要组织建立产线检测模型、AGV调用模型、生产排程模型等，根据用户提交的定制信息，组织工厂进行混线生产，切实提高生产效率。

（3）为了提高工艺质量管理水平，汽车企业要开发建立质量缺陷检测模型、质量溯源模型、工艺优化模型等，保证产品质量。

（4）汽车企业要搭建模型综合管理平台，将各种模型整合到一起进行标签化管理、智能化搜索与精准化调用。

◆围绕行业痛点，推广解决方案

（1）聚焦企业的生产管理，对汽车企业在产品研发、设计、生产、制造等环节出现的问题进行梳理，对各种模型进行综合利用，面向各类场景形成特定的解决方案。

（2）聚焦企业的经营管理，对汽车企业在供应链管理、产品销售等环节的问题进行梳理，找到导致信息流通不畅的节点，发现供需错配等问题，与硬件设施和运营环境相结合，提高企业的经营管理效率。

（3）聚焦企业服务，发现汽车企业在智能营销、出行服务、预测性维护、汽车金融等方面的问题，对各种模型进行灵活调用，为新模式、新业态的形成提供强有力的支撑。

（4）聚焦安全防护，发现汽车企业在生产制造、实际驾驶、运营维护

等方面的安全需求，构建相关的模型，实现安全感知与决策，为用户驾驶安全提供强有力的保障。

上汽集团：工业互联网平台及应用

人工智能、5G等新一代信息技术只有应用到社会生产与实践中才能发挥出应有的价值。近年来，新一代信息技术与制造业深度融合催生了工业互联网，铸就了互联网与先进制造业融合发展的坚实基础。

以工业互联网平台为依托，企业不仅可以优化资源配置、创新业务模式，还可以实现生产智能决策，做好产业生态培育。上汽集团整合资源打造了一个面向汽车产业的工业互联网平台，将汽车产业链、价值链数据与业务全面打通，使产业链上下游企业实现高效协同，并通过数据收集与挖掘优化管理决策，促使各项资源实现精准配置。

在制造业企业数字化转型方面，上汽集团做出了一次有益探索与实践。上汽集团搭建了一个工业互联网平台，将企业信息系统、智能机器、物料、人等主体连接在一起，覆盖了汽车智能生产与制造的整个产业链条，贯穿了汽车智能生产的整个生命周期，不仅可以全面感知工业互联网数据，还可以对数据进行实时分析与动态传输，促使客户、整合、零部件供应商实现数据共享，促进供应链协同创新，提升供应链管理质量与效率，为个性化定制生产与智能制造的实现奠定良好的基础。

上汽集团工业互联网平台的搭建以整个制造行业的数字化转型为背

景，继承了数据湖[①]的概念，可以分为边缘层、IaaS层、PaaS层、工业App四大部分，具体功能如表7-1所示。

表7-1 上汽集团工业互联网平台的四大层级

四大层级	具体功能
边缘层	利用数据湖技术，通过自主研发一体机实现边缘层计算能力
IaaS层	以集团丰富的数据资源和强大的云计算能力为依托，构建工业大数据计算中台、工业微服务共享库和工业大数据智能中台
PaaS层	通过自主研发数据湖4.0，向下与海量工业设备、机器与产品对接，向上为各类工业智能化应用的开发部署提供支持，建立工业微服务组件与人工智能算法库，面向企业开放
工业App	对PaaS层的工业微服务组件与人工智能算法库进行编排调用，针对生产、研发、营销、设备、服务、C2B供应商等环节开发App，满足开发者、协作企业、整车厂等主体的应用需求

◆数据湖

根据数据类型与应用，可以将数据湖划分为三种基本类型，分别是文件湖、日志湖、结构化数据湖。上汽集团通过整合这三类数据湖中的数据进行数据分析与挖掘，构建了一个百亿级的数据立方，可以实现海量数据多维度查询的亚秒级响应。

◆大数据计算中台

大数据计算中台的功能非常多，包括数据接入与集成、数据高性能查询、数据加密与处理等，可以根据数据来源、用途与类型，在数据湖、日志湖、文件湖中分门别类地对数据进行处理，包括对数据进行整合、存储与访问等。

① 数据湖是一种可扩展的存储、处理、分析大数据的基础设施，以数据为导向，实现任意来源、任意速度、任意规模、任意类型数据的全量获取、全量存储、多模式处理与全生命周期管理，通过与各类外部异构数据源的交互集成，支持各类企业级应用。

◆工业大数据智能中台

在上汽集团开发的工业互联网平台中，工业大数据智能中台属于核心功能模块，可以让数据计算与数据存储分开进行，为用户提供机器学习框架、深度学习框架和知识图谱，承载各种算法与模型组件，支持用户进行数据分析与计算，对大数据进行可视化展示。

◆工业微服务共享库

工业微服务共享库覆盖了物料管理、订单管理、排产服务等12项服务。各企业可以根据自己的需求，以微服务的方式对这些服务与功能进行调用，利用不同的业务编排方式快速构建自己的应用，满足自己的个性化需求。

上汽集团工业互联网平台的搭建使汽车产业链、价值链的数据与业务得以贯通，使生产、流通、服务等环节对人力、物力、时间等各项资源的浪费大幅减少，供应链库存下降了40%，制造成本损失减少了5%，生产效率提升了3%，企业内外、供应链上下游的信息不对称现象得以消除，精益化生产顺利实现。

随着工业互联网平台的建成落地，上汽集团将开发面向全行业开放的公有云，惠及中小微科技企业，吸引它们积极参与到数字化转型与创新中来，为整个制造行业的数字化升级贡献力量。

第八章
能源行业：引领新一轮能源革命

基于工业互联网的能源革命

能源在当今社会占据着极高的地位，是一种非常重要的战略资源，为国民经济的发展提供强有力的支持，为国家安全提供强有力的保障。在新一轮科技革命、工业革命轰轰烈烈开展的当下，美国、日本、德国、中国等国家纷纷将能源行业视为一个非常重要的“战场”，相继出台了多项政策支持能源行业的工业互联网建设，如美国的《全面能源战略》、日本的《面向2030年能源环境创新战略》、欧盟的《2050能源技术路线图》等，都希望在能源资源、能源技术等领域抢占制高点。

随着5G、AI、工业互联网等新一代信息技术在能源行业持续渗透，能源行业开始加速数字化转型，积极探索网络化、智能化发展路径，以工业互联网为代表的新一轮产业革命已经开始在能源行业徐徐推进。

◆电力行业工业互联网应用

工业互联网在电力行业主要有三大应用场景，分别是设备资产管理、电厂管理、用电管理，如图8-1所示。

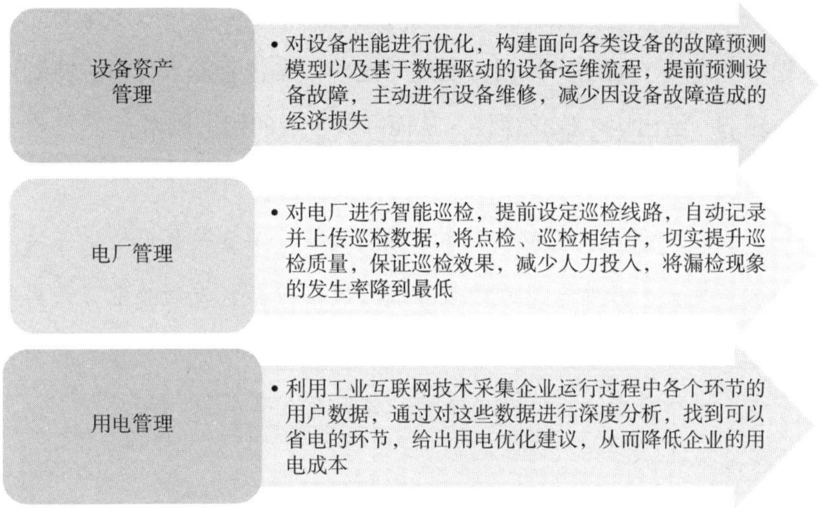

图 8–1　工业互联网在电力行业的三大应用场景

（1）在设备资产管理方面。在工业互联网的支持下，电力企业可以对各个设备资产进行智能运营与维护，对设备性能进行优化，通过采集核心设备在运行过程中产生的数据，与相应的环境数据相结合，借助回归分析、聚类分析、深度学习等数据分析技术，辅之以设备的机理模型，可以构建面向各类设备的故障预测模型以及基于数据驱动的设备运维流程，提前预测设备故障，主动进行设备维修，减少由设备故障造成的经济损失。

（2）在电厂管理方面。借助工业互联网技术，电力企业可以对电厂进行智能巡检，对厂区安全、设备运行安全进行实时监控，借助智能穿戴设备、手持智能终端、无人机、机器人、视频读表、开关状态识别、指示灯识别、三维可视化、全厂无线等设备与技术让整个巡检过程实现可视化，提前设定巡检线路，自动记录并上传巡检数据，将点检、巡检相结合，切实提升巡检质量，保证巡检效果，减少人力投入，将漏检现象的发生率降到最低。

（3）在用电管理方面。用电企业可以利用工业互联网技术采集企业运行过程中各个环节的用户数据，通过对这些数据进行深入分析，找到可以省电的环节，给出用电优化建议，从而降低企业的用电成本。

某企业为了节能减排，减少电费开支，在3条高压线上安装了数据采集装置，并对采集到的数据进行精细分析，发现企业容改需具备80万元/年的节省空间。于是，该企业前往当地供电局变更电费计费方式，进行需量申报。在该季度，该企业节省电费18万元，下一个季度节省电费35万元。

◆石化行业工业互联网应用

在石化行业，工业互联网也有三大应用场景，分别是安全生产、生产管控、装备运行优化等，如图8-2所示。

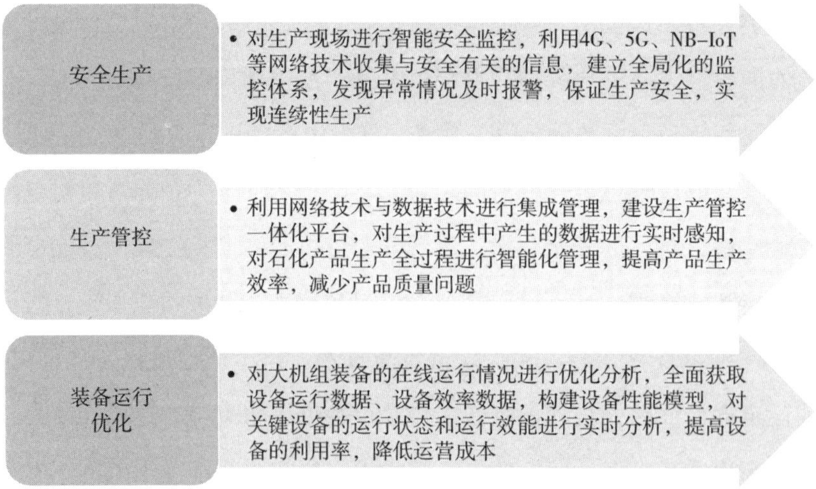

图8-2　工业互联网在石化行业的三大应用场景

（1）在安全生产方面。石化企业可以利用工业互联网技术对生产现场进行智能安全监控，利用4G、5G、NB-IoT（Narrow Band Internet of Things，基于蜂窝的窄带物联网）等网络技术收集与安全有关的信息，建立涵盖生产装置运行参数、厂区的生产动态信息、人员操作信息等数据的信息平台，借助人脸识别、机器学习等技术，面向关键生产装置、现场作业人员、作业环境建立全局化的监控体系，发现异常情况及时报警，并通过数据分析实现现场人员、消防中心的网络化协同，及时发现安全隐患并采取有效的处置措施，保证生产安全，实现连续性生产。

例如，中石化建立了一个覆盖总部、企业和现场的三级一体化应急平台，对重点环境排查点进行实时监控，同时支持关键区域进行事故模拟与抢险预演。

（2）在生产管控方面。石化企业可以利用网络技术与数据技术对企业资源、供应链、制造执行系统、先进控制系统、分布式控制系统等进行集成管理，建设生产管控一体化平台，对生产过程中产生的数据进行实时感知，对生产过程进行实时响应，对石化产品生产全过程进行智能化管理，对各类资源进行优化配置，对生产、控制等环节进行优化，提高产品生产效率，减少产品质量问题。

（3）在装备运行优化方面。石化企业可以对大机组装备的在线运行情况进行优化分析，全面获取设备运行数据、设备效率数据，构建设备性能模型，对关键设备的运行状态和运行效能进行实时分析，对设备的实际能耗进行核算。如果设备的实际能耗与预期指标存在较大偏差，可以对偏差进行分析，找到原因进行优化，以切实提高设备利用率，降低运营成本。

例如，恒逸石化利用工业互联网技术对大机组设备的运行数据进行实时分析，根据分析结果构建动态的燃煤优化模型，得出最优的组合参数，使煤炭消耗量节省了2.6%，极大地提高了燃煤效率。

平台架构与应用价值

能源行业工业互联网平台其实是工业互联网平台在能源行业的具体应用，面向石油、天然气、煤炭、电力等能源行业，以IT（Information Technology，信息技术）、OT（Operation Technology，操作技术）、CT（Communication Technology，通信技术）三大技术的集成、融合、创新为基础，促使能源行业各个要素实现泛在连接、弹性供给、高效配置，对能源行业的体系创新、发展模式的转变产生积极的推动作用。

◆能源行业工业互联网平台架构

从架构上来看，工业互联网平台由三大层级组成，分别是基础设施层、平台层、应用层，如图8-3所示。

（1）基础设施层。在整个能源行业工业互联网平台中，基础设施层是基础，涵盖了一些虚拟化的资源，包括计算资源、存储资源和网络资源，还有一些云基础设施，可以满足平台层、应用层功能运行、能力建设对计算、网络、存储的要求。

（2）平台层。在能源行业工业互联网平台中，平台层处于核心位置，建设主体有很多，包括平台建设运营者、各类微服务组件提供商、边缘解决方案提供商等，可以为行业企业提供微服务发布及调用环境与工具、工业微服务库、IT微服务库、工业大数据管理、开发资源接入与管理等功能，以强大的数据处理能力、高效的资源接入能力、开放的开发工具等为依托，一边与社会上开放的资源对接，一边为工业App的开发、部署、优化、运行提供支持。

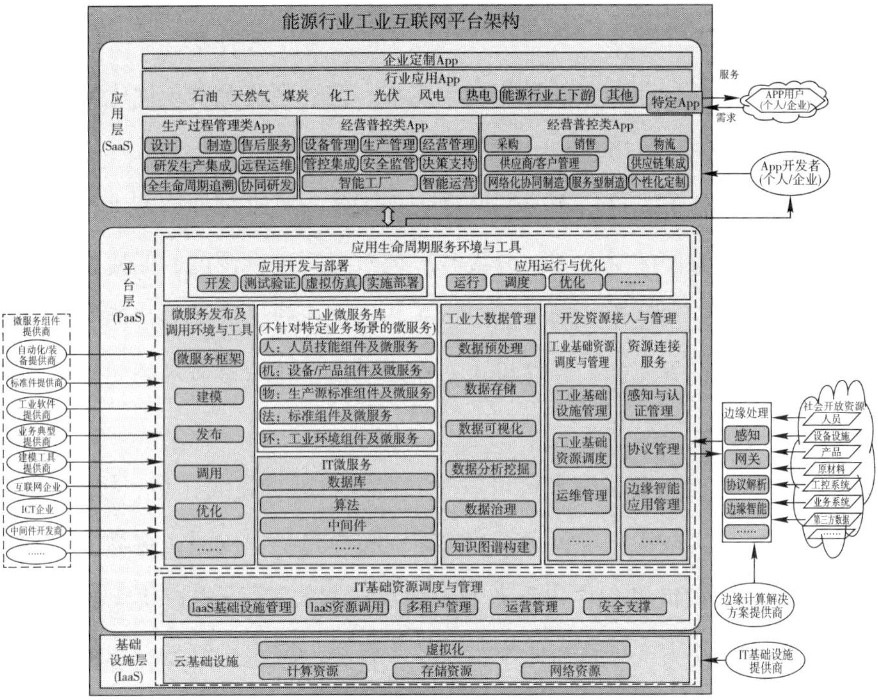

图8-3　能源行业工业互联网平台的架构体系

（3）应用层。在能源行业工业互联网平台，应用层发挥着至关重要的作用，通过对所能获取的社会资源进行整合利用，借助各开发者提供的工具、资源与能力，面向特定场景开发出各种各样的工业App，既包括可以广泛应用于生产管理、经营管控、产业链运营等场景的通用App，也包括专业度较高的行业级App、企业级定制App等。通过推动业务模型、技术、数据、资源等实现软件化、模块化、平台化、通用化，对工业知识创新与复用产生积极的推动作用。工业App的广泛应用可以带来诸多好处，如促使社会资源实现优化配置，以平台为核心构建一个更加开放的生态。

◆能源行业工业互联网平台的应用价值

能源行业工业互联网平台在实践应用的过程中充分发挥核心价值，可以有效降低能源行业企业信息化建设成本，使社会资源实现优化配置，推进工业知识的创新应用。

平台提供分布式IT资源及其调度管理服务，可以对IT资源进行池化管理，构建使用方便的资源域，分级分域地对资源进行调度，促使各类资源实现集约化管理与使用，满足能源企业的信息化建设需求，帮助能源企业降低信息化建设方面的软硬件投入，在降低信息化建设成本的同时，使信息化水平得以快速提升。

能源行业工业互联网平台可以对制造能力进行在线交易、按需匹配，促使社会资源实现优化配置。平台可以对接海量行业资源，将物理世界的资源迁移到信息世界，构建资源的“数字双胞胎”，形成模块化的生产能力，促使生产能力实现供需匹配，对整个社会的资源进行动态配置，使企业、行业实现优势互补，使整个行业的制造能力实现共享共用。

平台可以借助模块化的方法与工具以及开放的价值生态为能源行业的知识创新产生积极的推动作用。平台可以通过开发新的商业模式为各参与主体赋能，让他们可以更好地理解、掌握、使用行业知识，从而降低整个能源行业的创新门槛与成本，将能源企业、工业App开发者打造成能源行业知识创新的主体，加快能源行业工业知识的更迭速度，推动其在实践过程中实现广泛应用。

能源行业工业互联网平台的核心功能

能源行业工业互联网平台有六大功能，如图8-4所示。

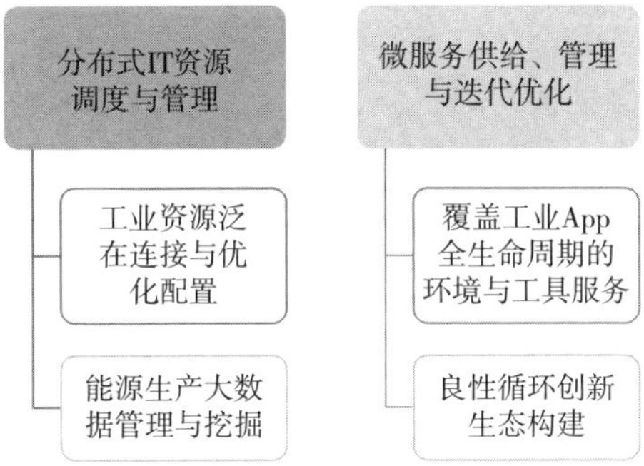

图8-4　能源行业工业互联网平台的六大功能

◆分布式IT资源调度与管理

IT软硬件异构资源池是能源行业工业互联网平台必备的硬件，平台要以该资源池为基础为客户提供高效的IT资源调度与管理服务，通过IT能力平台化帮助有数字化转型需求的企业降低转型成本，推动企业数字化、智能化进程不断加快，将企业的核心业务迁移到云端，推动IT与OT实现更好的融合与创新。

为了实现上述目标，首先，能源行业工业互联网应该通过购买、租赁、共建共享等方式推进分布式云基础设施建设，促使计算、网络、存储等IT资源实现“池化”，对这些资源进行统一管理；其次，能源行业工业互联网要提高IT基础资源调度与管理能力，对云基础设施进行灵活调度，促使其达到动态均衡，根据用户需求为用户提供弹性扩容、多租户资源隔离与按需计费等多元化的服务。

◆工业资源泛在连接与优化配置

能源行业工业互联网平台应该努力促使“人机物法环”等资源转化为数据，形成相应的模型，通过生产能力平台化推动整个行业的生产资源实现动态优化配置。具体来看，主要体现在以下三个方面：

（1）在平台边缘部署边缘计算解决方案，接入各种生产资源，包括专业技术人员、设备设施、产品及材料、工控系统、业务系统等。

（2）将现实世界的生产要素上传到信息空间，利用信息技术对这些要素进行重建，形成与现实世界的生产要素及生产过程相对应的“数字双胞胎”。

（3）对生产资源进行加工、组合、优化，形成系统的生产管控能力，通过对资源进行基础管理、动态调度、优化配置，促使生产能力实现在线交易、优化配置、动态共享。

◆能源生产大数据管理与挖掘

能源行业工业互联网平台应该汇聚海量数据，实现数据共享，对数据潜藏的价值进行深入挖掘，推动能源行业知识体系建设。

一方面，能源行业工业互联网平台应该支持对大规模、多来源、异构工业大数据进行处理，包括数据转换、数据清洗、对数据进行分级存储、对数据价值进行深入挖掘、对数据进行可视化处理等。

另一方面，通过人机智能融合支持入驻平台的企业将工业知识、经验、技术、方法转化为微服务、微组件，在平台的支持下对这些微服务、微组件进行发布、调用运行、持续优化，让企业积累的工业知识实现复用、传播，在数据驱动下，通过持续迭代形成行业生产知识体系。

◆微服务供给、管理与迭代优化

能源行业工业互联网平台应该为企业提供微服务供给、管理与迭代优化功能。

首先，平台应该支持微服务组件提供商围绕人员技能、生活资源、工业环境、标准业务、设备产品等构建一系列可以重复使用的工业微服务及微组件，以及面向数据库、中间件、通用算法的IT微服务与微组件。

其次，平台应该支持对各类微服务及微组件进行基础管理，如认证、注销等，并根据工业App的运行需求及时发现符合需求的微服务与微组件，对其进行编排调用。

最后，平台应该支持微服务、微组件的提供者根据实际使用情况对微服务、微组件进行优化。

◆覆盖工业App全生命周期的环境与工具服务

能源行业工业互联网平台要积极构建开发者社区，通过各种利好政策吸引工业、IT等领域的优秀人才，鼓励这些人才积极开发各类能源App，对现有的App进行测试，优化其部署，为开发者提供覆盖工业App全生命周期的环境与工具服务，为企业提供可以推进数字化转型的工业App。具体来看，企业要做好以下两点：

（1）平台要为工业App开发者提供方便易用的App开发工具、测试验证工具、仿真部署工具，帮助开发者解决App开发过程中遇到的各种难题，鼓励开发者将自己掌握的知识、经验、技能快速转化为通俗易用的模型、软件，进行再封装，最终形成实用的行业App。

（2）平台要为App开发者提供App运行与优化工具，让开发者对App进行灵活运行与调度，根据App在实际使用过程中的表现对其进行迭代优化。

◆良性循环创新生态构建

能源行业工业互联网平台还应该具备构建创新生态的能力，通过强强联合、跨界合作寻求优势互补，打破技术壁垒，实现数据资源共享共用，构建一个创新生态，为制造业企业的创新发展提供支持。

具体来说，能源行业工业互联网平台应该以平台建设为导向，建立一套价值分享机制，实现资源共享，促使参与主体开展动态协作，吸引IT基础设施提供商、微服务组件提供商、边缘解决方案提供商、能源行业资源拥有方、数据资源拥有方、App开发者、App用户等主体进入，构建一个供需精准匹配、应用持续迭代、多方共赢的生态系统，如图8-5所示。

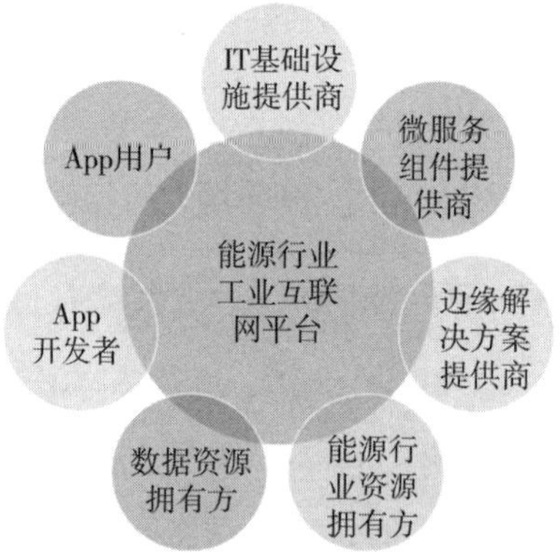

图 8-5　能源行业良性循环创新生态建设

我国能源行业工业互联网的发展对策

在我国，工业互联网很早就在能源领域得到了应用，随着应用逐渐深入，取得了一系列令人瞩目的成果，主要表现在两个方面。

一方面，国内能源行业的龙头企业在工业互联网领域持续加大投入，创建工业互联网平台，开发相关App等。另外，这些企业的核心资产设备逐步联网，并利用大数据分析等技术对设备的生产能力进行优化，使设备运维效率得以大幅提升。

另一方面，近几年，市场上出现了很多能源互联网解决方案供应商，这些供应商虽然大多是从自动化、系统、软件等领域转型而来，但对能源工业互联网产业链的完善起到了有效的推动作用。2018年，一大批能源领域的创新工程与项目进入工业互联网创新发展工程和试点示范评选名单，包括石化盈科、中油瑞飞搭建的工业互联网平台，华能集团、国网青海电力等公司打造的电力行业全生命周期应用标杆等。

◆我国能源行业工业互联网面临的问题

虽然现阶段工业互联网在能源领域的应用范围越来越广，新成果频频出现，但也不能忽略能源行业在工业互联网建设过程中出现的问题，如图8-6所示。

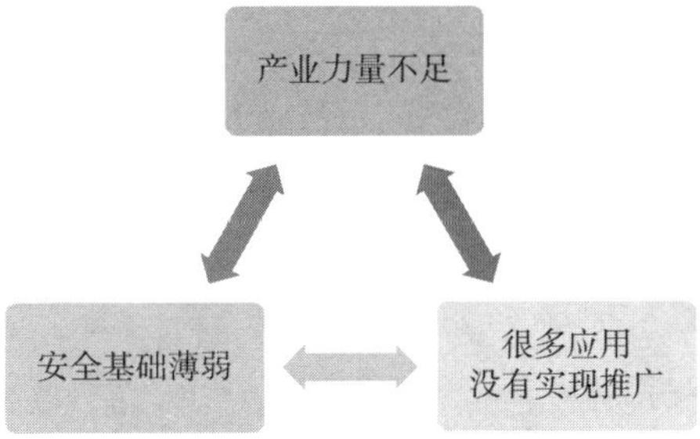

图8-6　能源行业工业互联网建设面临的三大问题

（1）产业力量不足。与国外相比，国内工业互联网平台搭建、工业软件开发、现场装备监管等方面的技术实力较弱，产品性能有待提高，同时缺乏一些可以提供综合解决方案的供应商和专门面向能源行业提供工业互联网解决方案的供应商。

（2）很多应用没有实现推广。能源企业建设工业互联网需要在前期投入大量资源，中小企业无力承担。目前，工业互联网在能源行业的创新应用主要集中在龙头企业和一些特定的应用场景，导致能源行业的工业互联网建设仍处在点状发展阶段。

（3）安全基础薄弱。现阶段，国内大多数能源企业将主要精力放在功能安全方面，认为只要保证设备不出或者少出故障即可，忽略了信息安全及防护体系建设。加之，我国能源企业的一些核心设备依赖进口，在互联网环境下，能源企业面临的信息安全问题非常严峻。

◆我国能源行业工业互联网的发展对策

工业互联网在能源行业的应用依赖技术创新，产业供给是关键，市场应用是动力。为了进一步强化工业互联网在能源行业的应用，要做好四件事，如图8–7所示。

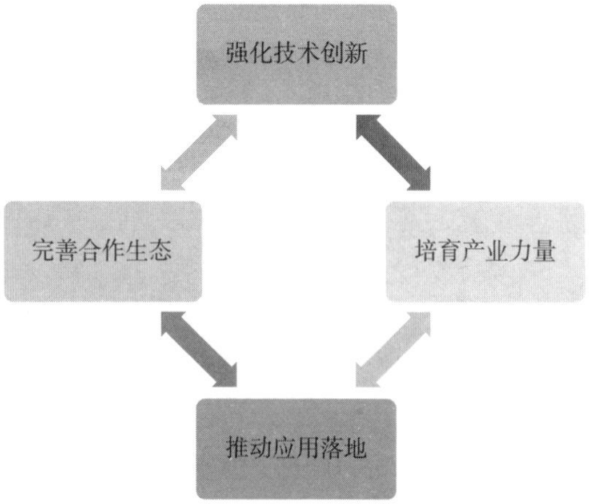

图 8–7　能源行业工业互联网建设的四大策略

（1）强化技术创新。聚焦高端芯片、工业操作系统、工业软件、安全防护等基础技术，对5G、边缘计算、人工智能、区块链等新技术进行深入探索，推动泛在电力物联网、能源互联网平台等融合型技术不断发展，鼓励能源企业与信息通信企业深入合作，通过资源共享攻克能源行业工业互联网建设的技术难关。

（2）培育产业力量。鼓励能源企业做好网络、平台和安全体系建设，努力拓展能源工业互联网的各项能力，如系统集成能力、提供整体解决方案的能力等，支持平台对外开放，不断提升能源行业工业互联网的供给质量。

（3）推动应用落地。采用试点示范、专项、标杆工厂等方式推动能源企业尽快实现网络化、智能化转型，推动IPv6尽快完成商业化部署，促使业务系统、工业设备尽快接入“云”及工业互联网平台，积极构建智能化生产新模式，不断对生产方式、组织形态和增值模式进行创新。

（4）完善合作生态。加强政府各部门之间的联动，完善跨界合作机制，通过建设产业联盟、产业集群、创新中心，加强行业内企业在各个领域的合作，如人才培养、产业政策制定、园区建设等，确保能源行业工业互联网建设有序推进。

中石化：ProMACE工业互联网平台

石油化工行业是指对原油、天然气等进行加工、销售的行业，其涉及范围广、细分领域多、生产线长，与人们的衣、食、住、行密切相关，是我国的支柱产业。

长远来看，我国石油化工行业保持了比较稳定的发展态势，各细分领域也在持续增长，炼油加工能力、化学品生产能力等都达到了世界领先水平，但与此同时我国石油化工行业仍然面临着比较严峻的挑战，如总体产能过剩、成本压力过大、能源结构失调、行业竞争加剧等。

为了应对挑战，与其他行业一样，石油化工行业也迫切需要进行转型升级。移动互联网相关新兴技术的特点，决定了其可以与众多行业相结合，为传统行业带来新的活力。而石油化工行业与信息通信技术的结合，将极大地提升行业的数字化、网络化和智能化水平，有利于制定正确的竞争和投资战略决策，促进行业的可持续稳定发展。

2018年10月，在“2018华为全联接大会”期间，中国石油化工集团旗下的石化盈科与华为签订战略合作协议。根据协议，双方将共同打造智能时代的ProMACE工业云平台，推进企业数字化转型。

石化盈科与华为此次的战略合作，意在进一步聚焦ProMACE平台的核心能力和开放生态，共同打造ProMACE全球样板工程，有助于双方进一步实现资源共享，建立石油和化工数字化生态系统。

• 基于华为公有云架构的ProMACE平台不仅有助于石化盈科的提质增效和智慧转型，也能够为其他企业的数字化转型提供参照。

• 以ProMACE平台为核心，在内外部市场推广私有云、公有云解决方案，并逐渐纳入应用服务、商业运营、智能装备等多方面的参与者，进一步打造石化制造数字化生态圈。

• 发挥ProMACE平台的支撑作用，借助生态圈参与者汇聚的资源，促使我国传统工业转型发展和提质增效升级，提升国家石油化工行业的综合竞争力。

2017年7月，以助力企业智慧转型为目标的ProMACE1.0发布，

ProMACE2.0则以ProMACE1.0为基础开发了智能工厂、智能油气田、智能研究院、智能物流等领域的几十种智能化应用，目的在于将石油化工行业与新一代信息通信技术进行深度融合，打造“平台+数据+服务”的建设模式。

目前国内石油化工行业的数字化转型已经取得了一定的成果，尤其是中石化、中石油、中海油等大型国有企业纷纷制定了一系列数字化建设措施，从战略规划、管理模式、业务特点等自上而下的层面分期连接数字化资源，以促进产品和服务创新。

结合石油化工行业的特点，可以从生产执行层和操作控制层两个层面就具体的案例对我国石油化工行业的数字化转型进展进行分析。

◆生产执行层

新一代信息技术与石油化工行业的生产执行层进行融合后，可以对石油化工生产的过程进行智能化把控，并对石油化工生产加工的整个流程进行优化，以实现生产效益最大化。

【案例8-1】九江石化原油调和集成平台

结合信息技术打造原油在线调和集成平台，能够帮助石油化工企业解决生产过程中可能遇到的难题，实现原油加工全流程的优化。

中国石化集团旗下的九江石化就打造了涵盖原油调和优化、原油调和控制、原油快速评价等模块的原油调和集成平台，平台包括原油调和系统与罐区监控系统、实验室信息管理系统、MES系统等，能够实时收集生产过程中的数据，并对整个车间制造过程进行优化。

【案例8-2】茂名石化乙烯裂解炉在线模拟与优化系统

随着工业生产规模的扩大以及复杂性的增加，对产品生产过程的要求越来越高，传统的控制系统已经无法满足工业生产的要求，而APC（Advanced Process Control，先进控制）系统基于先进的控制理论和控制方法，对生产过程中的多变量进行预测控制，能够增强装置运行的平稳性并提高装置的经济效益。

中国石化集团旗下的茂名石化在生产中投用了乙烯裂解炉在线模拟与优化系统，在把握乙烯裂解产品的市场需求以及不同原料下产品的分布情况等多种变量的前提下，优化裂解炉原料结构、工艺操作条件等环节，保证生产的安全平稳，并有效提升生产的产量和效益。

◆操作控制层

新一代信息技术与石油化工行业的操作控制层进行融合后，可以对石油化工产品生产操作的过程进行实时监控和动态跟踪，并将生产全过程进行数字化呈现，便于管线的自动化管理。数字化转型后的石化行业将实现操作控制的可视化、动态化、智能化和智慧化。

【案例8-3】茂名石化的企业数据库系统

中国石化集团旗下的茂名石化打造的企业数据库系统可以实时收集生产过程中涉及的每一处装置的数据信息，如传感器、仪器仪表、装卸台、生产装置等，实现了对整个生产过程的实时监控和参数分析，保证了企业生产的安全、高效运行。

【案例8-4】九江石化基于MES系统的调度指挥平台

中国石化集团旗下的九江石化使用的基于MES系统的调度指挥平台是一个多媒体集中管控平台，能够将总生产调度中心、车间中控层、外部装置区等进行连接，实现生产调度全流程的闭环管理。在调度指挥平台的作用下，事前预测和事中控制环节将发挥出更大的价值，帮助企业预防生产事故的发生。

另外，系统实时采集到的数据可以及时反馈到调度指挥平台，便于企业跟踪和指挥全产业链的运转，提升企业生产运营的管控水平与协同效率。

【案例8-5】兰州石化三维数字化平台

中国石化集团旗下的兰州石化在物联网、GIS（地理信息系统）、RFID（射频识别技术）等技术的支持下，打造了三维化、网络化、可视化的炼油装置模型。该模型不仅能够实现空间桥架、地上实物、地下管线上中下三个维度的可视化，而且能够辅助选择最优路线等，实现了对工厂环境的可视化监控和管理。

【案例8-6】九江石化智能管线系统

在石油化工产品的生产过程中，管道及周边环境信息的收集和监控一直是企业管理的难点，而中国石化集团旗下的九江石化通过采用移动通信及GPS等技术打造的智能管线系统可以对管道及周边环境信息进行收集和分析，在此基础上构建出一套清晰可见、数据完整、便于企业安全运行的智能管线系统，实现了对地下管线的智能化监控和自动化运营。

第九章

纺织行业：赋能企业智能化升级

纺织行业工业互联网平台应用场景

面对人工智能、自动化生产、数字化制造带来的冲击，传统的纺织行业要实现可持续发展必须积极寻求转型升级。从整体来看，纺织行业面临的困境主要源于两个方面：一方面，随着劳动力成本优势的逐渐消失，国家对环境的整治力度持续加大，加之国家贸易保护，纺织行业的成本不断上涨，纺织企业的利润空间越来越小。另一方面，为了适应消费升级趋势，纺织企业必须积极研发新产品。为了满足这一要求，纺织企业必须建立一条可以对市场做出快速响应的柔性生产链，以及一套效率更高的生产协同与管理系统。在这种情况下，纺织企业必须向信息化、智能化、数字化的方向转型发展。具体来看，纺织行业工业互联网平台有三大应用场景，如图9–1所示。

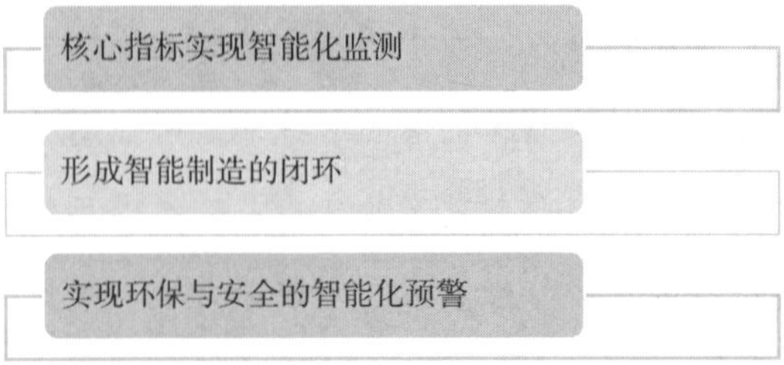

图 9–1　纺织行业工业互联网平台的三大应用场景

◆核心指标实现智能化监测

在传统的管理模式下，纺织企业不同生产环节的数据由不同的人负责收集管理，数据之间无法流通，很难发挥其应有的作用。但在搭建工业互联网平台之后，工厂订单、设备、物料、生产过程、排污、水质等数据可以相互流通，设备利用率、染色一次成功率、每天的能耗物耗等核心经营数据不再需要人工统计。工业互联网平台可以对这些数据进行实时收集，并反馈给经营者。

◆形成智能制造的闭环

在数据思维的驱动下，纺织产业可以形成智能制造闭环。在制造业未来的发展中，数据将成为企业的核心驱动力，成为制造企业、行业、产业发展的重要基础。随着纺织产业与工业互联网的融合程度不断提高，纺织企业积累的数据可以转变为实际的资产。通过不断地积累数据，对数据进行挖掘、学习，纺织企业的工业互联网平台上线了一系列工业 App，可以实现智能排产、智能配色以及供应链协同等功能，实现智能决策，将数据采集、数据分析、数据挖掘、数据学习、生产优化等环节串联在一起，形成一个闭环。

◆实现环保与安全的智能化预警

随着国家环保政策不断收紧，对于印染企业来说，环保与安全成为两个非常重要的指标。在环保方面，工业互联网平台将 VOC（Volatile Organic Compounds，挥发性有机化合物）、工业水质、外排 COD（Chemical Oxygen Demand，化学需氧量）等数据与纺织品生产工艺及质量进行关联分析，对各项环保数据进行智能监测，可以有效降低企业在环保方面的支出。

在安全方面，纺织企业工业互联网的数据中台可以对人、机器、物料、环境等数据进行采集，并根据企业的核心指标与业务逻辑构建相应的模型，对企业的生产活动进行全天24小时监控，发现问题及时发出预警，降低设备故障、人员安全隐患、火灾等问题的发生率。例如，在生产过程中，如果定型机烟道温度过高，工业互联网平台就会发出预警，避免火灾事故发生，减少企业损失。从某种程度上说，预防事故发生就是降本增效。

综上所述，纺织企业搭建工业互联网平台，可以加快企业的数字化转型与智能化改造，将数据打造成企业的核心驱动力，对企业生产的核心经营指标及环保、安全等指标进行智能监测，面向制造工艺与流程打造一个智能化闭环，降低生产成本，提高生产效率。

纺织行业工业互联网平台典型案例

纺织行业搭建工业互联网平台，就是以平台为依托对工业数据进行采集、存储、管理、分析、建模及应用，将制造企业及第三方开发者汇聚到该平台，面向产品整个生命周期开发相关业务与应用，优化资源配置，推动整个行业乃至整个制造业实现智能化转型。

近几年，为了推动工业互联网发展，国家从政策、经济、人才等各个层面加大了对工业互联网的支持力度。以这些资源为依托，国内的工业企业、工业软件开发商、工业设备提供商等纷纷利用自身积累的各种资源，从工业知识与信息技术两个层面切入发力工业互联网平台建设。

◆中纺衣码通：国标纺织品大数据追溯认证平台

中纺衣码通Ctgcp“国标纺织品大数据追溯认证平台”，由中国纺织工业联合会牵头多方参与共同投资建设。该平台主要以行业主管部门授予的“纺织行业工业互联网平台试点示范项目”为载体，重点围绕纺织行业建立最权威的一物一码追溯认证体系，一方面用于老弱人群安全追踪以及军工特殊需求，支持上传头像和录音功能，可生成个性化肖像或声波二维码，将编织好的肖像或声波二维码缝制到衣物上，满足用户功能和精神需求，彰显个性，提高品位。同时，打造具有产业特色的工业互联网规模化服装定制新生态。

消费者采用中纺衣码通Ctgcp系统快速获取人体数据及人体模型，再通过3D虚拟试衣选款搭配，自动生成“一人一版”。服装定制工厂将消费者的人体数据导入下单系统，完成排版后发送到裁剪中心进行自动裁剪，实现智能化设计与数字化定制生产。

疫情之下中纺衣码通Ctgcp平台面向全国授权赋能服装干洗等售后相关门店以及线下地摊体验点，解决上门定制和线上量体数据采集不够精准以及成本过高的缺陷，全员创业共建共享，实现线上线下智慧互联千城万店一平台。最终形成集服装企业新品发布、版权维权、数据分析、产品追溯、规模化定制、线上试衣搭配线下体验售后为一体的纺织工业互联网创新平台。

◆海尔：ASPOP服装工业互联网平台

海尔自主研发的、拥有中国自主知识产权的工业互联网平台COSMOPlat下面有一个专门面向纺织服装行业的大规模定制平台——海织云。在该平台的支持下，服装行业可以实现“厂、店、家”全流程生态并联。

海尔COSMOPlat在服务行业落地打造了一个示范基地——山东海思堡服装服饰集团股份有限公司。目前，ASPOP服装工业互联网平台汇聚了大量牛仔、休闲等品类的商品，成为COSMOPlat在服装行业的一个子平台。

以ASPOP服装工业互联网平台为依托，企业可以和用户直接交互，供应商、设计师、用户、品牌商、工厂等主体可以相互交流，形成一个用户驱动的生态圈。在这个生态圈中，用户可以参与产品设计、生产的全过程，形成一个完整的应用方案，该方案涵盖了服装定制、设计众创、协同采购、社群交互、智能生产、智慧仓储、智慧门店等全过程，如图9-2所示。

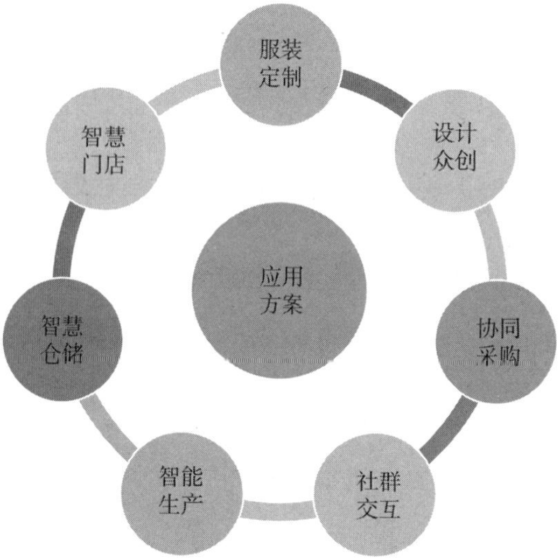

图 9-2　ASPOP 服装工业互联网平台的应用方案

除此之外，在ASPOP服装工业互联网平台的支持下，用户家中的洗衣机可以化身为网器，收集用户的使用数据。通过对数据进行深入分析，服装企业可以推动产品迭代升级，改变过去先生产再销售的经营模式，转变为先获取用户需求再组织生产，为服装行业了解用户偏好、预测未来发展趋势提供科学依据。

◆汉脑：优羽服装工业互联网平台

“优羽”是一个专门面向服装行业的工业互联网平台，利用物联网技术将生产线内外所有设备连接在一起，全面推进生产端建设，为工业企业提供从端到云的完整的服务方案。

优羽服装工业互联网平台在缝纫机、车床等设备上安装了大量传感器以及人机交互终端，可以从源头采集数据，包括生产数据、人员数据等，然后通过数据分析让各条生产线实现平衡，让在线质量检测、智能排产、协同设备实现联动，帮助工厂完成智能化改造，以提高产品生产质量与效率，降低人工成本，提高管理者的决策能力，帮助企业做好行业趋势分析，制订数字化营销方案，切实提高品牌的附加值。

◆树根互联：根云工业互联网平台

在我国的工业互联网平台领域，根云工业互联网平台出现得最早，连接的工业设备最多，服务的行业也最多，可以利用物联网、大数据等技术为企业提供云服务，为金融机构、政府监管部门、售后服务商、用户、业主等提供应用服务，还可以与各行业的软硬件兼容，与通信商开展深度合作，形成生态效应。

目前，根云工业互联网平台接入的各类设备超过了40万台，包括能源设备、纺织设备、专用车辆、港口机械、农业机械及工程机械等，采集各类数据数万个，连接资产近千亿元，开发的新业务实现的营收已经超过了百亿元。

在根云工业互联网平台的支持下，印染设备接入互联网，可以通过该平台发布生产计划，下达工艺指令，对工艺参数进行在线监测，实时上报产量，对能源数据、设备运行状态进行实时监测，对物流状态进行实时跟踪等。在此基础上，产品生产效率与质量可以稳步提升，产品生产工艺可以持续优化，在精准控制产品产量的同时，还可以节约能源消耗，减少废物排放。

疫情下的纺织企业智能化转型

面对突然暴发的新冠肺炎疫情，全国人民尽己所能投入疫情防控阻击战，一方面，人们闭门不出，减少疫情传播与扩散；另一方面，相关产业有序复工复产，保证医疗物资以及生活必需品的供应。在整个过程中，互联网及其相关应用发挥了重要作用。

◆疫情之下，纺织企业的数字蝶变

疫情期间，为了满足一线医务人员对口罩、防护服等产品的需求，一些纺织企业生产线全开，全力投入医疗物资生产。在这个过程中，纺织企业面临诸多问题，信息化为这些问题的解决提供了有效的方案，如图 9–3 所示。

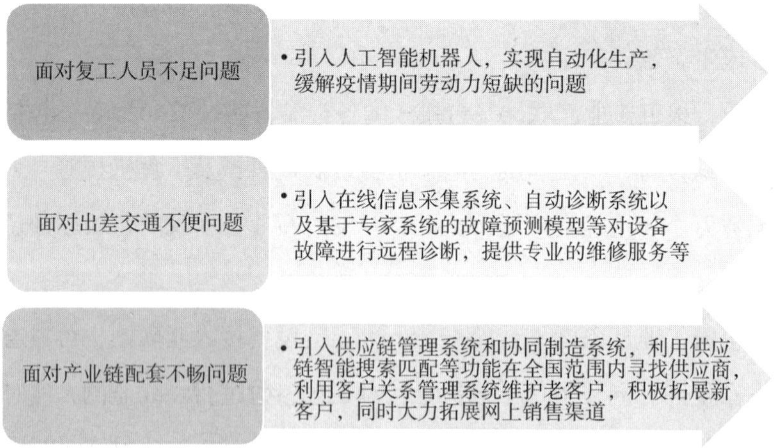

图 9–3　疫情下纺织企业面临的问题及解决方案

（1）面对复工人员不足问题。随着人工智能在制造行业的广泛渗透，越来越多的纺织企业开始引入人工智能机器人。面对疫情期间劳动力短缺的问题，传统纺织企业的这种智能化改造发挥了重要作用。

- 化纤厂的生产工作原本需要大量劳动力，为了应对劳动力短缺问题，工厂引入智能物流系统，让落丝、运输、检验、包装、入库等工序全部实现自动化，在很大程度上减少了对人员的需求。
- 棉纺厂引入人工智能、大数据等技术构建智能化纺纱生产线，对清梳联、精梳、并条、粗纱、细纱及络筒等环节进行智能监测，并配备智能化故障巡检系统，大量减少了用工量，而且可以实现夜间无人值守。
- 为了应对服装厂缝制环节工人短缺问题，纺织企业相继引入自动缝制单元、智能化运输AGV、自动识别配套系统、自动入库流水线等，有效缓解了用工数量与生产任务之间的矛盾，切实提高了生产效率。

（2）面对出差交通不便问题。在疫情期间，交通全面封锁，设备维修人员无法及时到岗，面对这种情况，远程运维系统发挥了关键作用。目前，一些纺织企业引入在线信息采集系统、自动诊断系统以及基于专家系统的故障预测模型等，具备了一定的远程运维服务能力，可以利用互联网对设备故障进行远程诊断，提供专业的维修服务等。除此之外，远程运维服务系统还可以对设备进行远程监控，对设备运行状态进行实时监测，对工作环境进行预警，对设备故障进行诊断，使设备的智能化管理水平得以大幅提升。

（3）面对产业链配套不畅问题。随着疫情逐步得到控制，企业开始复工复产，但受全球疫情蔓延的影响，一些外贸企业面临着原材料无法引进、产品无法出口的难题，虽然完成了员工复工，但仍无法恢复生产。对于这一问题，纺织企业可以引入供应链管理系统和协同制造系统，利用供应链智能搜索匹配等功能在全国范围内寻找供应商，利用客户关系管理系统维护老客户，积极拓展新客户，同时大力拓展网上销售渠道。

另外，纺织企业可以尝试利用协同制造系统，组织行业龙头企业搭建企业、行业协同制造的网络平台，实现配套订单外包、加工订单转包、设计制造资源整合等，促进原辅料供应商、配套产品供应商和纺织服装产品采购商相互联动，保证企业实现正常运转。

◆转型升级，信息化担负重任

从国家发展的角度来看，2020年是非常重要的一年，是全面建成小康社会的决胜之年。从纺织工业的发展来看，2020年是我国建设纺织强国的收官之年。暴发的新冠肺炎疫情给全国经济造成了严重冲击，纺织行业也不例外，出现出口订单减少、库存积压、资金流转速度变缓、市场消费遇冷、供应链整合难度加大等问题。为了应对这些挑战，我国纺织行业必须积极调整，开展数字化转型，力争2020年完成纺织强国建设的重要目标。

纺织行业在转型过程中要积极推进信息化与工业化深度融合，大力发展智能制造。目前，人工智能技术与应用已经在纺织行业落地，形成了很多试点，不仅降低了整个行业对人工的依赖，而且切实提高了生产效率与产品质量，提高了供应链配置水平。在新形势下，纺织企业要积极打造数字车间与智能工厂，实现个性化定制与网络化协同，推动企业不断向数字化、智能化方向转型发展。

在新基建背景下，纺织行业的智能化升级要紧抓机遇，利用国家的利好政策以及新基建的最新成果，积极推动新一代信息技术在整个行业落地应用。

（1）工业互联网。在全面推进工业互联网建设与应用的背景下，纺织企业要顺应形势，积极推进工业互联网建设，推动企业各层级数据实现端到端集成；以工业互联网平台为依托让各类数据资源实现集成应用，对企业的生产经营活动进行深度优化，实现智能决策；鼓励企业利用工业互联网平台对各类资源进行整合，打造协同制造体系，让设计、生产与供应链资源实现有效组织与协同。

（2）大数据。纺织行业要积极组织建设大数据服务平台，利用物联网、云计算、人工智能等技术，让产品设计、生产制造、经营管理、物流配送、市场营销等环节的资源相互融合，充分发挥数据作为基础资源与创新引擎的作用。

（3）人工智能。纺织行业在智能化转型过程中要积极发挥人工智能的引领作用，在知识获取、知识库建设、深度学习、优化决策等领域实现重点突破。以理论研究为基础，将研究成果在纺织行业落地应用，与生产环节的关键需求对接，尽快实现产业化，让经济效益与社会效益实现最大化。

第四部分

工业大数据

第十章
工业大数据：推动企业两化融合

诺兰模型与制造企业信息化

国内制造企业在信息化道路上已经走了20多年，最初推行信息化改造的领域主要有两个，分别是工程领域和管理领域。其中，工程领域最初的信息化改造以CAD（Computer Aided Design，计算机辅助设计）应用为代表，管理领域最初的信息化改造以财务核算为代表。

企业要进行信息化改造需要投入数千万元至数亿元不等的成本，但是与高投入相比，企业信息化建设的成效并不突出，特别是组织系统的信息化建设几乎很难看到效果。另外，企业在信息化领域的巨大投入也没有明显改善生产质量、提高产品竞争力、解决准时交付等问题。

为什么我国企业对信息化的高投入换不来明显的成效呢？问题究竟出在哪里？为了解答这些问题，我们先来了解一下企业信息化发展阶段。

美国信息技术专家理查德·诺兰（Richard L. Nolan）对企业的信息化发展进行了系统性研究，将企业的信息化发展分为六个阶段：起步阶段、扩展阶段、控制阶段、集成阶段、数据管理阶段和成熟阶段。我国发布的《GB/T23020工业化和信息化融合评估规范》将工业化和信息化的融合划分为四个阶段：基础建设阶段、单项应用阶段、综合集成阶段、协同与创新阶段。

结合我国制造业的信息化发展历程可以发现，诺兰模型中的“扩展阶段”“控制阶段”与两化融合的“单项应用阶段”相对应，这两个阶段的任务以单项应用建设为主。目前，我国大多数企业处在这一阶段，很多信息化领域尚未涉足，需要后续积极填补。

在单项应用阶段，企业内部应用流程要实现电子化，简单来说就是要利用计算机技术代替一些手工工作，解放部分劳动力；同时，还需要利用网络技术将流程上下游或不同的流程串联起来，使其能够协同运作。

企业可以通过流程电子化对流程进行优化，但是简单地进行流程电子化并不一定能提高效率，这是因为流程电子化需要采集大量数据，而数据采集势必增加部分业务环节的工作量，导致企业在扩展阶段和控制阶段难以将信息化的价值显现出来。

近几年，我国部分制造企业的信息化重点发生了转移，开始从诺兰模型的“控制阶段”进入“集成阶段”，这一阶段对应着两化融合的“综合集成阶段”。对于许多企业来说，要跨越这个阶段并非易事。因为把单项/局部应用升级为全要素、全流程、全场景、全生命周期应用十分困难，所以，专家将这一阶段称为“集成应用陷阱”。

如何跳出“集成应用陷阱”？我们从三个方面来制定策略，如表10–1所示。

表10–1　跳出“集成应用陷阱”的三大策略

环节	具体策略
流程	企业要明确自己业务的流程和规则，只有对业务流程和规则产生清晰认识，才能让软件运行逻辑完整地体现业务逻辑，才能清晰、准确地定义各种应用集成接口

续表

环节	具体策略
数据	企业应该将数据流和数据标准作为信息化改造的重点。企业明确数据流的前提是明确数据传输的整个流程，因为流程是数据发挥作用的载体。要让数据流动起来，就需要为数据制定标准。作为数据流动的基础，数据的标准化可以通过以下例子加以理解：如果企业不能对物料进行统一编码，那么工作人员就无法识别两个系统中的物料是否为同一种物料，这样会导致两个系统的数据无法关联和整合，数据就会失去使用价值。又如，如果企业不能用特定的数据来说明对应的业务对象，就无法使业务对象数据化，就会给业务对象的测量、管理和改进带来困难
技术	企业应该利用技术手段集成数据流程和管理数据标准，一方面确保数据标准贯彻执行，另一方面通过统一的技术平台减少系统孤岛的存在

因此，要突破“集成应用陷阱”，就要对数据标准、数据质量进行有效治理，利用流程对数据进行关联和整合，充分挖掘数据的价值。在诺兰模型中，集成应用阶段和数据管理阶段并没有明确的界限，两者相互交织。信息化只有经历集成应用和数据管理这两个阶段才能真正走向成熟。因此，制造企业的信息化发展必须解决当前存在的各种问题和困难。

大数据驱动工业智能化

随着互联网技术的发展和应用，大数据技术应运而生，并不断走向成熟。目前，大数据技术与应用已经成为国家战略的一部分，并已经在各个层面实现了不同程度的落地。为了支持大数据产业发展，国家和地方政府相继出台了多项实用政策，国内大数据技术生态正在快速形成。

现阶段，大数据应用已经从互联网逐渐渗透到其他行业，如制造、金融、政务、交通、医疗等行业。“工业大数据”就是大数据技术在制造行业的应用。

2015年8月，我国国务院发布了一项关于大数据的重要文件，即《促进大数据发展行动纲要》。文件指出，我国要大力发展工业大数据，具体来说，就是要做好以下工作：

（1）推动大数据在产品全生命周期应用，包括在产品研发设计、生产制造、经营管理、市场营销、售后服务等环节应用。

（2）在产业链的各个流程和环节实现大数据应用。

（3）将大数据、云计算、物联网等技术相结合，集成应用于制造业全产业链。

（4）推动工业转型升级，不断探索制造新模式。

大数据的发展日新月异，在此形势下，我国应该积极推进实施大数据战略，既要审时度势，又要精心策划，争取主动超前布局，加快推进数字中国建设。目前，全球制造业正在向数字化、网联化和智能化的方向发展，这也使工业大数据越来越受到人们的关注。无论智能产品还是智能设备，在使用的过程中都会产生大量的数据，这些数据可能是多源异构的，也可能是动态实时的。如果企业能通过分析和处理让这些数据与自己的业务场景相结合，就能发挥出数据的巨大价值。

举例来说，波音公司经过多年发展积累了大量飞机飞行数据，基于这些数据，该公司利用大数据技术对飞机进行预见性维修和飞行优化，大大降低了机组排班成本，每天可为客户减少7%的支出，同时也为每次航班节省数百磅的燃料。空客公司利用云平台将各种航空数据进行整合与利用，对飞机运行故障进行预测性分析，提前制订相应的安全方案，使机队运行中断事件减少了30%。

在我国，一些装备制造业企业在利用大数据技术方面取得了显著效益，如利用大数据加强生产管理、优化产品运行、改善服务水平等，如表10–2所示。

表 10–2　国内大数据应用案例

企业名称	应用场景	主要数据类型	数据价值
西飞	民机客户服务	新舟系列飞机的设计、制造、试飞和飞机运营数据等	实现客户航线、飞机状态的动态监控，对飞机故障进行预判和警示，95%以上的突发、意外情况得到快速响应，首次准确答复率达90%
三一重工	设备远程控制 设备故障预测 库存与供应链	20万台设备的工况、位置数据和业务系统数据等	新产品的动力总成效率提升8%，油耗降低10%，在出现故障的设备中有50%可以事先预测。备件库存下降48%，需求预测准确率由之前的45.8%提升至70%，改变现有计划采购策略，临时计划占比下降20%
中联重科	设备售后服务 设备运行管理	12万余台设备工况与位置数据，核心业务系统和外部应用平台数据等	服务成本下降30%，零配件周转率提升20%，帮助客户提升设备管理效率高达30%，降低安全事故率20%，设备有效工作时长提升20%，人力、维修成本降低30%，设备油耗下降32%
金风科技	风机运行优化 风机维修维护	全球2万多台风机的传感器数据、风资源数据、地理信息、气象数据等	对每台风机的运行情况实时监控，可最少提前2小时预警所有叶片断裂事件。数据驱动优化风偏航角，一台风机一年能多产出价值1万元的电量。通过主动维修，某部件故障次生事故率可以降低90%
上海仪电	生产管控	设备运行、生产制造、能耗及物流、ERP数据等	产线切换能力由原来的10次/月提高至80次/月，经济效益增长6000万元/年
陕鼓动力	设备运行管理	设备状态、工艺量、现场服务记录、机组档案等	为客户减少非计划停机50%以上，延长设备有效运行时间15天，缩短正常检修工期51.6%，节约设备管理人力成本60%

工业大数据之所以会受到人们的广泛关注，除了其本身具备的巨大价值外，还与大数据相关技术的发展和成本降低有关。

一方面，许多与大数据有关的技术，如云计算、处理器、低能耗半导体、嵌入式系统等不断兴起和应用，大大提升了设备的运算速度，使企业具备了实时处理大数据的能力；另一方面，传感器技术、通信技术的发展和应用使企业不需要花费多少成本就能实时获取工业数据。除此之外，随着大数据生态逐渐成熟以及国内开源社区的建设发展，企业搭建大数据平台的成本大大降低。

在科学进步，社会发展的大背景下，工业产品、流程、经营等逐渐变得复杂化，工程系统、组织系统加速发展，如果企业运营仍然依靠老旧的经验和传统的方法，则很难应对日益复杂的商业环境。人脑思维在现实生活中存在诸多限制，如果企业能够充分利用大数据、人工智能等技术就能轻易打破这种限制。

无论影响因素有多少，也无论关系如何错综复杂，企业都能利用大数据、人工智能等技术对数据进行分析，并通过数据分析对未来进行精准预测。总之，在大数据、人工智能等技术的支持下，企业不仅可以顺利地进行产品和工艺的改进，而且可以实现对管理决策的实时优化。

工业大数据的四个视角

“工业大数据”一词在不同的语境下具有不同的含义，它既可以表示数据本身，也可以表示与大数据相关的技术，还可以表示大数据在工业领域的推进。由于工业大数据具有众多的含义，所以人们对这个概念存在一些分歧和争议。

在TOGAF（The Open Group Architecture Framework，开放组体系结构框架）推出的企业架构方法中，视角和视图是两个非常重要的概念，我们可以从这两个概念出发进一步解读工业大数据。

观察事物时，站在不同的视角可以看到事物的不同侧面，而这些不同的侧面就是事物的视图，即每一个视图只能代表事物的一个侧面，而非全部。同样的道理，人们站在不同的视角看待“工业大数据”，自然容易产生分歧和争议。要弄明白什么是“工业大数据”，我们可以选取四个不同的视角来进行讨论，这四个视角分别是数据视角、应用视角、技术视角和业务视角，如图10-1所示。

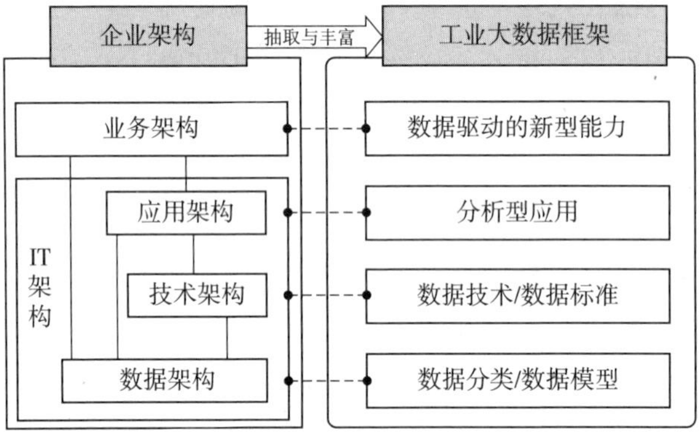

图10-1　工业大数据的四大视角

◆数据视角

究竟哪些数据才是工业大数据呢？这个问题一直存在争议。有的专家认为设备运行产生的数据和工业产品数据具有数据量大（Volume）、产生速度快（Velocity）、数据类型多（Variety）、价值密度低（Value）四大特征，即典型的4V特征，所以，它们都属于工业大数据。有的专家认为只要是工业企业产生的数据，无论“大”数据还是“小”数据都属于工业大数据。

比较这两种观点可以发现，第二种观点的现实意义更加浓厚。“大”数据与“小”数据都能记录企业的发展轨迹，它们都具有现实意义。

清华大学软件学院的王建民教授曾表示：“不举小数据之‘纲’，难张大数据之‘目’。”他认为“小”数据能引导出“大”数据的价值，即占比80%的“大”数据可以被占比20%的“小”数据引爆价值；企业在数字化转型的过程中，既要关注“大”数据，也要关注“小”数据；“大”数据包含的数据量大，而“小”数据的价值密度更高。在解读工业大数据时，从数据视角可以发现企业IT架构的缺失，并能找到改进机会。

◆应用视角

这里的应用指的是工业软件，即从工业软件的视角来看工业大数据。在过去的20年，流程电子化是企业信息化的核心。CAD、CAPP（Computer Aided Process Planning，计算机辅助工艺设计）、ERP、MES等工业软件支持的业务活动具有两大特点：一是所有的业务活动都能够被明确定义；二是所有的业务活动都具有明确的上下游关系，这些软件被罗伯特·卡普兰（Robert S. Kaplan）和大卫·诺顿（David P. Norton）称为“交易型应用”。

企业在积累了一定的数据之后，就会将信息化的重点转移到商务智能和大数据分析领域。在这一阶段，数据主要用于支持人们的智力活动，罗伯特·卡普兰和大卫·诺顿将其称为“分析型应用”，也就是人们常说的数据驱动型应用。一般来说，数据驱动型应用支持的业务包括事实描述、诊断分析、趋势预测、业务规范等。

◆技术视角

工业大数据往往要经历存储、管理和应用三大过程。在这些过程中，企业需要利用一系列的技术对数据进行加工整理，这些技术包括数据采集、数据预处理、数据存储、数据分析和计算、数据可视化等。

其中，不仅有通用的成熟技术，还包括特定行业、特定应用场景的专用技术。通用技术通常封装在商业数据平台中，专用技术需要技术攻关或定制化开发，典型代表有飞机试飞数据采集技术、飞机试飞数据存储技术、国外工程软件的数据获取技术、先进工业软件的数据解析技术等。另外，企业要支撑数据的全生命周期、贯通数据的全价值链，就需要重新规划自己的基础环境、软件平台和安全体系等，必要时还要重新构建自己的整个IT架构。

◆业务视角

从业务视角解读工业大数据，可以看到大数据的真正价值。实际上，数据的价值主要通过企业的新型业务能力体现，而这种新型业务能力是由数据驱动的，因此，业务视角也可以看作两化融合视角。通过业务视角可以发现大数据的应用场景，并能挖掘出供应链优化、工艺优化、设备故障预测、生产智能管控、产品健康管理等大数据应用的不同需求。

从数据、应用、技术、业务四个视角来观察工业大数据，可以形成四张不同的视图，将这些视图组合起来便能形成一幅完整的工业大数据蓝图。显然，这是一项由“架构”引领并运用架构的工作。

工业大数据落地的工作框架

在推进工业大数据的过程中，企业需要做好多个层面的工作，包括数据、应用、技术、业务等，这些工作多而复杂，并涉及许多陌生的术语和概念，如果企业不能进行整体的规划，就无法建立完整的体系，没有统一的语言进行沟通，就很难做出科学、合理的安排，更不会获得广泛支持。

具体而言，工业大数据的推进涉及五个方面的工作，如图10–2所示。

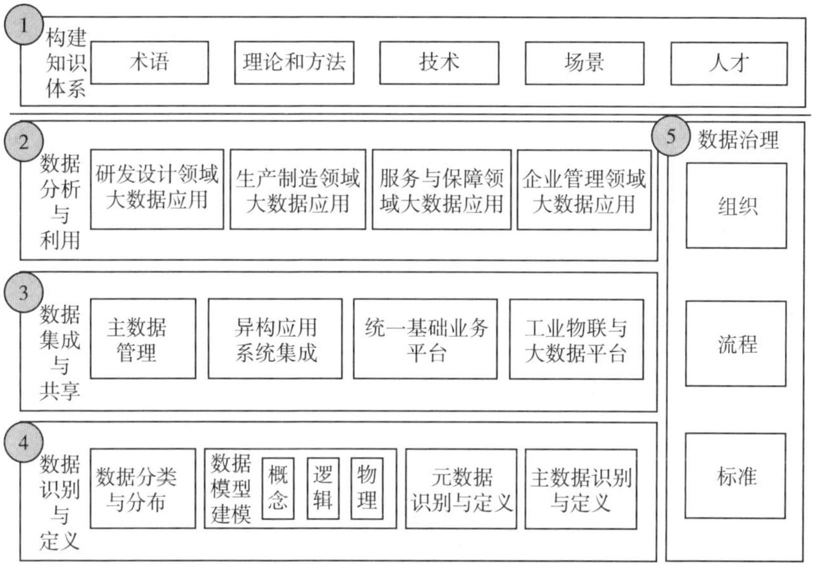

图 10–2　工业大数据工作框架

◆构建知识体系

工业大数据是一个备受人们关注的新兴领域，其涉及许多术语、概念和理论。由于整个制造业对这些术语、概念和理论还没有形成统一的、标准化的看法，所以企业在推进工业大数据的过程中有必要创建一套知识体系，以规范定义，统一语言和认知，保障工作的顺畅沟通。

◆数据分析与利用

企业一方面要保证数据的流通，另一方面要推进数据的分析与利用，包括在研发、生产、服务、管理等各方面的应用，要充分发挥数据资产的价值，不断优化业务，持续改进管理。实际上，释放信息化红利的主要手段就是对数据进行分析与利用。

◆数据集成与共享

要跳出“集成应用陷阱”，企业需要让数据自由地流动，这也是解决数据集成与共享的关键。具体来说这一核心工作包括两个方面：第一，建立包含工业物联网、数据平台、应用集成系统在内的数据通道；第二，通过业务数据贯通和主数据集成等实现数据流通。

◆数据识别与定义

要对工业大数据进行有效治理、合理利用，首先需要明确企业的数据资产状况，规范企业数据的表达方式，具体来说就是要做好数据分类、明确数据分布、建立数据模型等，其中包括两类核心基础工作，分别是主数据的识别与定义和元数据的识别与定义。

◆数据治理

企业要把数据作为自己的核心管理对象，既要落实对数据的组织安排、标准制定和流程规划，也要明确数据的责任归属；既要保障数据质量，又要保障数据安全。电信、金融、电网等行业的信息化水平相对较高，从这些行业的实践经验来看，数据治理需要投入大量的精力和时间，需要企业具备极强的韧性。当然，在有效治理数据之后，企业得到的回报也非常丰厚。

数据的整合、分析和利用深受数据质量和数据流通的影响，因此，企业应该先进行数据治理，再开展数据应用。但是，这并不是要求企业等到数据全部治理之后再去开展数据应用，企业要分领域、分主题，一边治理数据，一边应用数据。

企业应该根据自己的实际情况，从构建知识体系、数据识别与定义、数据集成与共享、数据分析与利用、数据治理中任选一个切入点推进工业大数据治理。企业既可以先建立数据治理的相关制度和组织流程，打造数据治理的有效机制和体系；也可以先设计开发数据模型，然后再规范数据表达，定义数据标准，建立数据资产目录；还可以先在优秀业务领域开展数据应用，再反推数据治理，不断完善数据管理体系。实际上，企业还可以通过协同合作同步开展上述工作。

无论企业如何开展数据治理工作，都应该遵守两个原则：一是数据的全生命周期覆盖；二是信息价值链全面贯通。在开展某一类数据治理工作，或者在某一特定业务场景开展数据工作时，企业需要遵循“设—存—通—治—用”的基本逻辑。其中，“设”指的是数据识别定义和应用场景设计；“存”指的是数据采集和存储；“通”指的是数据整合和数据流贯通；“治”指的是数据质量和安全管控；“用”指的是具体业务场景的数据分析与利用。

第十一章
数据燃料：智能制造核心关键

全球工业转型的“数据燃料”

德国“工业4.0”强调通过建设信息物理融合系统（Cyber-Physical System，CPS）颠覆传统的工业生产与服务模式，实现创新发展。美国通用电气公司提出的“工业互联网”强调让机器实现连接，进而实现人机连接，通过软件与大数据分析对全球的工业制造业进行重构。

事实上，无论“工业4.0”还是工业互联网，都是要通过信息通信技术让产品、机器、资源、人实现智能互联，以大数据分析与应用为基础推动制造业实现智能化转型。进入工业大数据时代之后，工业大数据将发挥重要作用，将为制造业生产力、创造力、关键能力的提升提供重要支持，将成为全球工业转型的关键。

◆从5M向6C转型将催生工业大数据

在工业自动化时代，制造业的生产模式表现出5M特征，具体指的是Material（材料，包含了其功能与特性）、Machine（机器，指加工能力和精度）、Methods（方法，指产能和生产效率）、Measurement（测度，指如何探测与改进）、Modeling（建模，指对生产流程的预测、优化和防范）。

在智能制造时代，制造业的生产模式也可以用六个词语来概括，即Connection（连接，主要指传感器和网络）、Cloud（云储存，即任意时间和需求的数据）、Cyber（虚拟网络，包括模式与记忆）、Content（内容，是指相关性及含义）、Community（社群，包含分享和交际的功能）、Customization（定制化，指个性化的价值与服务），简称6C，如图11-1所示。

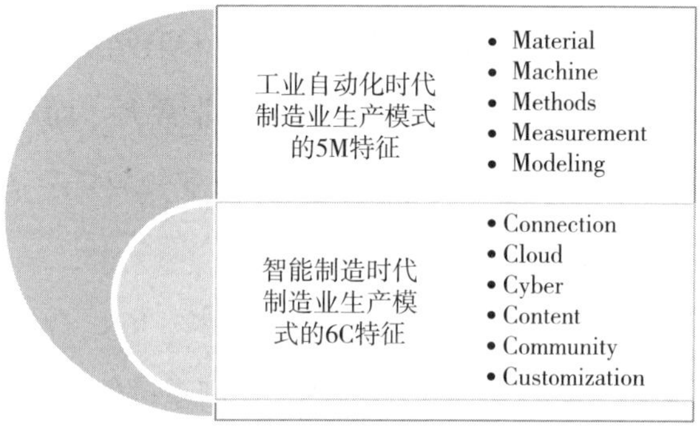

图11-1　从5M转向6C

智能制造时代，在网络通信技术的支持下，工业机器、设备、存储系统、运营资源可以相互连接，形成一个覆盖范围极广的网络。这些相互连接的机器设备不仅可以共享信息，还可以实现自组织、自管理。

这一目标的实现需要工业制造系统对生产设备以及生产过程产生的数据进行深入分析，即工业制造企业必须掌握数据收集、处理、传输能力。随着智能传感技术以及云计算、大数据等技术的飞速发展，数据收集与处理已经变得非常简单，而且效率有了很大提升。

进入“工业4.0”时代之后，CPS系统将利用M2M（Machine-to-Machine，机器对机器）通信让信息在设备之间流通，操作机器运转，生产线上的产品可以与机器交流，机器可以自行组织生产，让生产线实现自动运转，进而达到智能工厂建设的目标。因此，从某个程度上来讲，工业大数据是制造业智能化的必然结果，也是制造业智能化升级的重要支撑。

◆研究工业复杂系统动态行为成可能

工业大数据与消费大数据既有相同之处，又有不同之处。工业大数据主要表现出五大特点，分别是体量大、来源丰富、连续采样、动态性强、价值密度低。工业大数据的形态非常丰富，既有结构化数据，也有半结构化、非结构化数据。在大数据技术出现之前，只有结构化数据能够被挖掘利用，半结构化、非结构化数据的处理难度非常大。而在大数据应用技术、仿真技术、建模技术等技术的支持下，工业领域复杂系统动态行为研究与分析就有了实现的可能。

在工业互联网时代，工业数据将成为像水、电、石油一样的基础能源，为工业自动化、智能化系统的构建，控制系统的运行、管理与优化，企业综合生产指标的设计，企业生产计划的调度，生产线质量控制等提供强有力的支持。另外，只有在大数据技术的支持下，工业企业才能利用信息化手段对工业生产流程进行整合，保证生产系统正常运转。由此可见，对于整个工业制造业来说，工业大数据的挖掘利用不仅有利于动态模型的构建，还可以对工业企业进行动态监控，保证企业安全运行，为多目标优化控制方法的落地提供良好的条件。

工业大数据如何重塑制造业

在互联网、物联网、5G等新一代信息技术的推动下，我国制造业原有的生产模式逐渐被颠覆，开始向智能化、集成化、服务化和高效化的方向转型发展。在智能制造发展过程中，工业大数据将发挥重要作用，对工业企业制造管理流程优化，产品、服务、商业模式创新，行业生态整合产生积极的推动作用。

但目前，由于数据处理技术不成熟，数据很多潜在的价值得不到充分挖掘，导致工业大数据对智能制造的驱动作用迟迟无法显现。所以，为了推动互联网与制造业深度融合，不断提升我国制造业的竞争力，必须加强对工业大数据的研究。具体来看，工业大数据对制造业的重塑作用主要表现在三个方面，如图11-2所示。

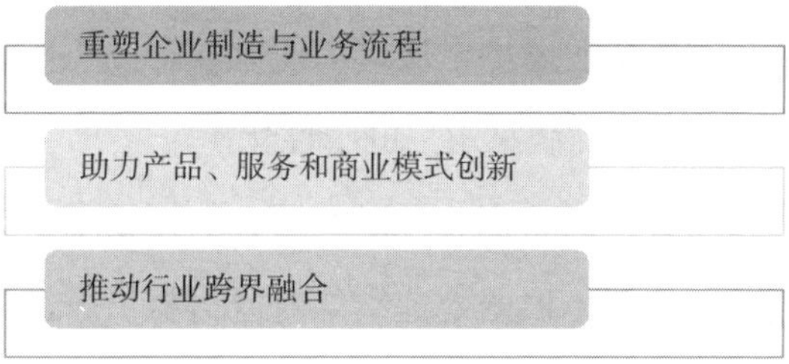

图11-2　工业大数据对制造业的重塑

◆重塑企业制造与业务流程

对于工业制造业来说，工业大数据最大的价值在于可以优化生产制造与业务管理流程，将过去人们关于智能制造的一切构想变成现实。

（1）在生产制造方面，随着工业生产部门的分工越来越细，复杂程度越来越高，生产过程中产生了很多处理难度极高的半结构化和结构化数据。凭借传统的数据处理技术，企业很难对这些数据进行及时处理，挖掘数据的价值。但工业大数据的体量较大、价值提取难度较高，可以对生产线上的各类数据进行整合，实现多目标控制流程优化，对物料品质、生产能耗、设备异常等情况进行实时监控，提高设备的智能化水平，开展并行生产，进而达到提高生产效率、降低生产成本的目的。

（2）在业务流程管理方面，工业大数据可以将业务执行过程与数据紧密结合，消除分公司、企业各部门之间的数据孤岛，在数据的驱动下实现实时决策，提高企业管理效率，让企业实现柔性化管理。

◆助力产品、服务和商业模式创新

在产品应用层面，工业企业可以在产品内植入传感器，对用户使用数据进行实时采集与存储，让用户参与到产品研发设计中来，推动产品改进与创新，做好产品故障预测，根据市场需求变化实时更新产品功能，改善服务体验。同时，工业企业还可以通过工业大数据分析与利用颠覆传统的商业模式，通过规模化定制满足用户的个性化需求。

在原材料供应方面，工业企业可以利用大数据技术对订单、库存、物流、资金等数据进行处理，根据处理结果对原材料供应链进行优化，让企业的产业链相互协同，对市场需求、用户需求做出快速响应。例如，工业企业可以利用传感器对来自供应商的数据进行收集、存储，对产品库存与产品销售价格进行跟踪，对全球不同区域的需求进行准确预测，从而对供应链进行持续优化。

◆推动行业跨界融合

工业大数据不仅可以改善工业企业的生产经营状况，还可以在工业企业上下游以及行业内外产生正向聚合效应。以“互联网+汽车”为例，这种模式就是利用汽车企业积累的大数据，与人、车、路、环境、社会等数据相结合，实现跨行业联动。

汽车企业首先对车辆安全数据、道路数据、驾驶数据等进行收集，其次通过特定的平台将这些数据开放给其他企业使用。其中，保险公司可以利用这些数据为车主定制保险方案、车辆维修企业可以利用这些数据为车主提供更加及时的救援、汽车配件厂可以利用这些数据为车主提供更加人性化的配件更换服务、交通部门可以利用这些数据对节假日或早晚高峰的交通状况进行预测等。以工业大数据为纽带，这些企业相互联动，最终形成一个“互联网+汽车”的生态系统。

推进我国工业大数据发展的对策

工业大数据的发展需要国家、行业、企业共同努力，具体来看，推进我国工业大数据发展需要采取四大策略，如图11–3所示。

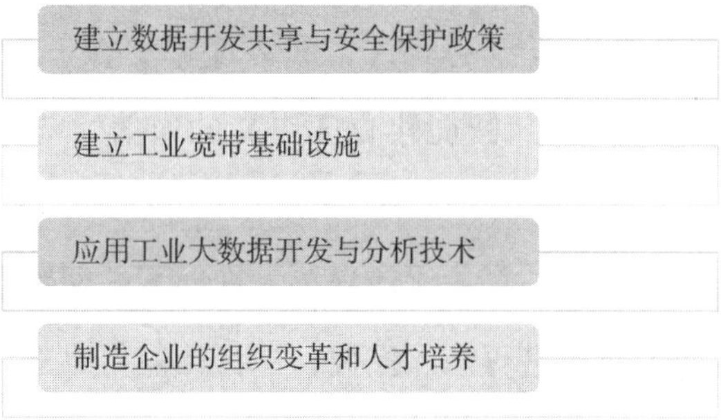

图 11–3　推进我国工业大数据发展的四大策略

◆建立数据开发共享与安全保护政策

工业大数据具有开放性，可以跨企业、跨行业、跨国家共享，因此安全、开放、共享就成为工业大数据开发利用的首要问题。在采集、利用大数据的同时，企业必须保护好自己的商业秘密以及专利技术安全。

进入工业互联网时代，工业IT系统安全维护的难度大幅提升，维护范围从生产操作环节拓展到了通信网络环节。在这种情况下，为了维护制造企业的生产系统安全以及数据安全，相关机构必须出台工业IT系统的安全策略、架构与标准。

另外，工业大数据的价值不断提升，一系列法律问题也随之产生，如工业大数据的知识产权问题、数据共享市场机制的建立问题等。为了解决这些问题，政府必须制定数据使用规则与数据安全保护政策，利用政策鼓励企业开放数据，实现数据共享，建立知识产权框架促进企业创新，同时，政府也要有选择地开放一些大数据，促进工业大数据共享与整合，让工业大数据释放出更大的价值。

◆建立工业宽带基础设施

工业大数据是信息物理融合系统或工业互联网建立的基础，数据传输、交互、共享需要借助容量更大、网络速率更快、数据存储与处理能力更强的基础设施，以及智能化程度更高的通信智能与管理智能才能实现。

对于工业互联网来说，新一代信息技术推动下的网络基础设施更迭是关键。为了对工业大数据进行深入挖掘，让其价值得以充分释放，制造业必须建立容量更大、服务更可靠的工业宽带基础设施。为了更好地推进工业宽带基础设施建设，政府可以出台一些激励措施，将市场资本、人才等资源都吸引到工业宽带基础设施建设中来。

◆应用工业大数据开发与分析技术

工业信息化系统产生的数据要转化为知识，必须先经过整理分析转变为信息，再进行深加工从中提取有价值的内容。在这个过程中，制造企业必须利用一些新技术和技能，如存储软件、计算软件、分析软件等对数据进行处理，释放其潜藏的价值。

目前，我国大多数工业企业仍处于工业2.0时代，信息化水平、智能化水平普遍较低，无法将大数据应用及其成果整合到自己的系统中。至于为数不多的处于工业3.0时代的工业企业，由于现有系统的标准与格式和新一代信息系统不兼容，大数据分析工具同样无法应用。因此，对于制造企业来说，在向工业互联网时代迈进的过程中对不断更新的工业大数据开发与分析技术进行整合也是一项紧要任务。

◆制造企业的组织变革和人才培养

要让工业大数据在工业企业实现广泛应用，释放出应有的价值，必须让企业领导认识到工业大数据的价值，推进组织变革，做好人才培养。为此，制造企业不仅要挖掘大数据领域的技术人才，还要改变工作流程，重新规划激励政策，鼓励企业员工主动利用大数据优化管理，推动产品、服务以及商业模式创新。

另外，制造企业要积极推进组织体系变革，促使不同部门之间的数据实现集成共享，打破部门之间的信息孤岛。为此，政府可以出台一系列方针政策鼓励制造企业的管理者接受与大数据分析、挖掘、应用等有关的培训，鼓励企业积极培养大数据人才。

企业实施工业大数据的注意事项

在推进工业大数据落地的过程中，企业要注意六大事项，挖掘大数据的价值，保障数据安全，如图11-4所示。

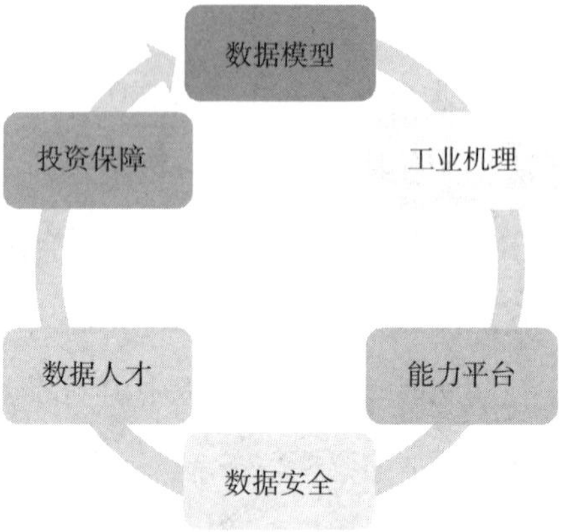

图 11-4　企业实施工业大数据的六大注意事项

◆数据模型

DAMA（Data Management Association，国际数据管理协会）表示，一个企业数据架构的核心是数据模型，它既可以让数据的集成、整合、利用变得规范，又可以规范应用系统开发，还有利于数据标准落地。因此，企业应该积极构建企业级的数据模型。在构建数据模型的过程中，企业可以通过正向设计来组织构建，也可以通过逆向建模来组织构建。另外，企业还可以借助模型管理工具建立相应的管理机制，保障数据模型"建""管""用"的有效实行。

◆工业机理

推进工业大数据开发利用的主要目的就是实现场景应用，帮助企业解决工业问题。要解决工业问题，就要掌握工业机理，否则，就无法建立科学的数学模型，无法开发大数据应用。因此，企业应该统筹内外部资源，根据实际需求进行工业机理研究，构建机理模型，形成完备的知识信息库。

◆能力平台

工业大数据的开发应用会使企业对数据分析的需求不断增长，同时也会使数据分析的活跃度不断增强，这就要求企业IT部门缩短开发周期，提高对数据分析的响应速度。IT架构的云化使大数据应用逐渐轻量化，目前的大数据应用主要是工业App。面对这些变化，企业需要建立一个安全可控、稳定可靠、弹性扩展的平台，一方面支撑数据的全生命周期管理，另一方面支撑数据的快速开发。

◆数据安全

只有通过汇聚、整合，数据才能发挥出更大的价值，但其也存在一定的安全隐患，如在聚合数据的过程中可能会导致敏感信息泄露。云存储、云计算打破了传统网络的边界，因此，传统的网络安全策略和防护技术已经无法满足数据的防护要求。面对这一问题，企业应该在高效利用数据资源的同时做好安全风险防范工作，持续研究新一代数据安全技术，对数据进行实时跟踪，建立有效的安全机制。

◆数据人才

作为企业新一代应用，数据驱动型应用与传统交易型应用在关键技术、开发环境等方面存在较大区别，这就需要新一代人才的加入。因此，企业应该积极培养和引进关键性数据人才，助力数据驱动型应用的研究与开发。这里所说的关键性数据人才包括数据架构师、数据分析师、数据质量工程师等。

◆投资保障

在工业领域，大数据技术应用刚刚起步，企业的数据治理和数据安全等关键技术都需要攻关，算法模型的构建也需要时间。在这种情况下，企业投资工业大数据往往不能立即获益，要充分了解这种投资收益的滞后性，做好承受压力的心理准备，并对工业大数据研发与应用提供持续的资金支持。

企业要根据现实需求来推进工业大数据，避免陷入大、小数据的争论，将所有具有使用价值的数据进行统一汇聚、整合，坚持覆盖数据全生命周期、贯通信息价值链的基本原则，有效治理数据；要紧抓数据模型、工业机理、能力平台、数据安全、数据人才、投资保障六大要素，开发分析型应用，促进数据资产变现；要不断改进生产过程，持续优化产品质量，稳步提高决策效率，全面释放信息化的红利，推动制造企业向更高水平的信息化发展。

第十二章
应用场景：传统工业颠覆性变革

场景1：创新产品设计与研发

顾名思义，工业大数据指的就是工业信息化应用中产生的数据。随着信息化与工业化的融合程度不断加强，信息技术在工业企业的整个产业链中广泛渗透，条形码、二维码、RFID、工业传感器、工业自动控制系统、工业物联网、ERP、CAD、CAM（Computer Aided Manufacturing，计算机辅助制造）、CAE、CAI（Computer Aided Instruction，计算机辅助教学）等技术在工业企业实现了广泛应用，使工业企业拥有的数据资源越发丰富，推动工业企业的发展进入新阶段。

在生产线高速运转的状态下，工业设备采集、处理的数据将远远超出计算机采集的数据，而且数据以非结构化数据居多。由于生产线运转速度较快，所以对数据的实时性要求也比较高，因此，相对于互联网行业来说，工业大数据应用面临的问题更多、挑战更大。

互联网、移动物联网在工业领域的广泛应用降低了感知成本，加快了移动连接的速度，为分布式计算与高级分析的落地奠定了良好的技术基础。在此背景下，信息技术与全球工业系统实现了深度融合，推动全球工业行业发生了一场深刻变革，加快了企业研发、生产、运营、营销、管理方式等的创新进程。随着工业大数据的深入应用，工业企业将迎来新一轮变革。

工业大数据的应用场景有很多，包括产品创新、产品故障诊断与预测、工业生产线物联网分析、工业企业供应链优化和产品精准营销等，下面我们对这些场景进行具体分析。

工业企业与客户之间的交互行为（咨询、了解、购买等）将产生大量数据，对这些数据进行深入挖掘可以获得客户的真实需求，鼓励客户参与产品研发与设计，为产品创新贡献自己的智慧。

在这方面，福特公司做出了表率，在福特福克斯电动车的创新设计中，福特公司就利用了大数据技术，所以这款车有“大数据电动车”的称号。第一代福特福克斯电动车上市后，一些车主购入使用，在行驶过程中，车主不断地调整车辆的各种设置，包括加速度、刹车、电池充电等。这些信息回传到福特工程师处，工程师通过对这些信息进行分析了解客户的驾驶习惯，为之后的电动车设计提供参考。为了获取这些数据，工程师对车辆做了一些特殊设计，即便车辆处于静止状态，也可以将车辆胎压和电池系统的数据传输给附近的智能电话。

大数据应用场景的特点是以客户为中心，具有很多优点：首先，车主可以获得宝贵的车辆信息，了解车辆的运行状态；其次，福特公司的工程师可以对车主的驾驶行为进行总结、分析，了解客户的驾驶习惯，持续进行产品创新；最后，电力公司以及其他的第三方供应商可以根据客户的驾驶数据制订充电站建设计划，防止电网超负荷运转，维护电网安全。

场景2：产品故障诊断与预测

智能设备管理是工业互联网的一个非常重要的应用。在过去，工业设备的管理主要由人工来完成，包括人工定期点检和保养。但是这种传统的管理方式存在以下问题：

（1）人工无法对设备的实时状态进行监控，也无法管控设备的使用效率。

（2）设备一旦发生故障，只有通过报警才能被发现，而且维修人员需要根据自身经验和设备状况综合分析才能找到设备产生故障的原因，耗时又费力，还会影响设备的使用率。

（3）传统人工无法预测设备故障的出现，也不能预测耗材的多少，既需要准备额外的配件，又需要储备额外的材料。

（4）不管是定期点检，还是定期保养，都需要耗费大量的人力和时间。

智能设备管理可以通过采集设备数据，建立业务逻辑模型，实现对工业设备的实时监控和预测性维护，它是工业互联网最基础的应用之一，也是目前工业互联网应用最广泛的服务之一。随着互联网技术实现普及应用，传感器的数量越来越多，工业企业可以对产品故障进行实时诊断。同时，在大数据、建模与仿真技术的支持下，工业企业还有可能提前对产品故障进行预测，如图12-1所示。

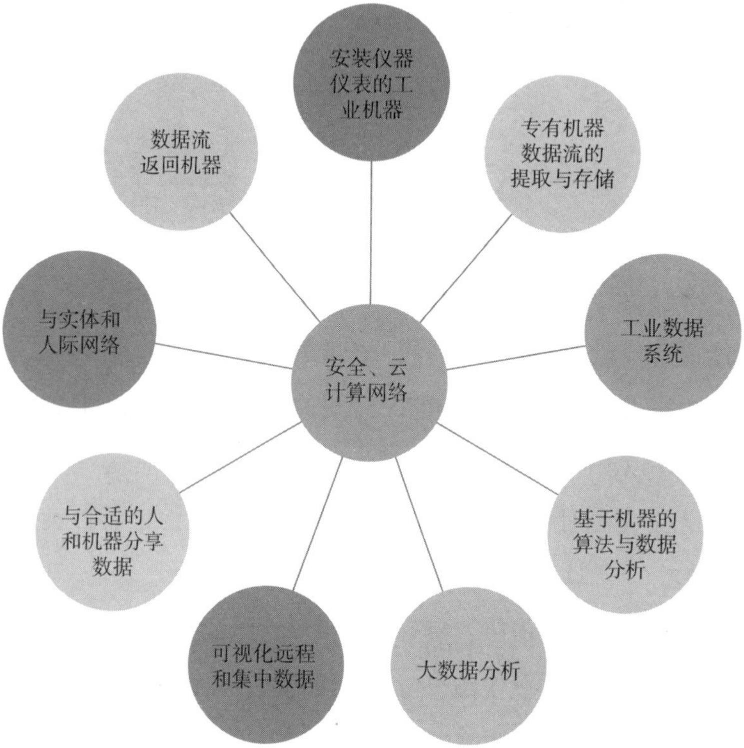

图 12-1　产品故障诊断与预测逻辑

【案例12-1】波音：实时监测飞机在航状态

波音飞机引擎上装有大量的传感器，这些传感器可以实时采集飞机的飞行数据，并将飞行数据实时传回数据中心，交由中央控制器进行统一分析。在一架波音飞机上，发动机、燃油系统、液压和电力系统等数据组合在一起可以反映飞机的在航状态，这些数据不到几微秒就会被测量一次。波音737飞机在飞行过程中，每30分钟就会产生10TB的数据。在正常飞行状态下，工程师就能根据相关数据，为飞机引擎提供预测性的维护和保养。这不仅减少了停机时间，还提高了飞机航空的经济性和安全性。

【案例12–2】GE：基于工业大数据的设备诊断

GE在亚特兰大有一个能源监测和诊断（M&D）中心，该中心的任务之一就是收集全球50多个国家数千台GE燃气轮机的数据，每天收集到的数据有10G。通过对传感器振动和温度信号等数据进行分析，GE公司可以提前诊断出燃气轮机的故障，并发出预警。

2013年，GE与医院展开合作，成功将资产云管家软件应用到了医疗设备上。在资产云管家软件的协助下，系统可以远程观察到每一台医疗设备的运行状态，并对它们的运行负荷进行预判，实现远程就诊调控和分流。资产云管家软件可以自动缩短高负荷机器的运行时间，引导病患到闲置设备就诊，这不仅能避免医疗设备因超负荷工作而停机、缩短病患的等待时间，还能大大提高闲置设备的利用率。

【案例12–3】格创东智：物联网智能监控系统

格创东智科技有限公司在深圳市华星工厂构建了一套具有实时数据监控和显示功能的物联网系统。该系统可以利用网关采集和处理底层数据，然后将数据传输到工业互联网平台进行分析，并根据数据建立监控系统模型。

这套智能监控系统可以实时监控每个工厂、部门、科室和楼层的传感器工作状态和IoT数据监控警报器状态，并能通过分析收集到的数据找到影响泵、马达等设备状态的原因，提前对设备故障预警，预测设备的使用寿命，从而减少宕机造成的损失。

场景3：优化工业生产流程

◆优化生产工艺及流程

一条现代化的工业生产线往往会安装数千个小型传感器，这些传感器可以用来收集温度、压力、热能、振动和噪声等数据。数据收集每隔几秒钟就会发生一次，利用这些数据可以对设备的用电量、能耗、运行状态、质量事故等进行分析，保证生产线安全。

（1）工厂利用这些大数据可以对整个生产流程进行分析，了解每个环节的执行情况。在生产过程中，一旦某个环节发生错误就会发出警报，方便工程师快速锁定故障发生位置，尽快解决问题。

（2）工厂可以利用大数据技术对产品生产过程建模，对生产流程进行仿真优化。如果所有的生产流程与绩效数据都能在系统中重建，那么生产过程的透明度将大幅提升，制造商就可以利用相关数据对生产流程进行改进。

（3）在生产过程中，工厂可以利用传感器对所有设备的运行数据进行监测，一旦设备出现能耗异常立即就能发现，进而对整个生产过程进行优化，降低能耗。

◆智能生产计划与排程

随着人们的消费需求越发个性化，产品生产模式开始向多品类、小批量生产转变，要求对数据进行实时采集，而且对数据采集的精细化程度提出了更高的要求。

通过详细的数据分析，企业可以发现历史预测与实际数据之间的偏差，然后通过对产能约束、人员技能约束、物料可用约束、工装模具约束等条件进行综合考虑，利用智能优化算法制定预计划排产，对计划与实际情况之间的偏差进行合理计算，对生产计划进行调整，借此规避“画像”缺陷，将群体特征直接附加到个体身上。通过数据关联分析与监控，企业可以更好地规划未来。

◆产品质量管理与分析

大数据的广泛应用给传统制造业造成了巨大冲击，产品研发、工艺设计、质量管理、生产运营等环节都亟待创新。以半导体行业为例，一个芯片的诞生需要经历掺杂、增层、光刻和热处理等诸多环节，每一个环节都要达到极其苛刻的物理特性要求。目前，芯片生产设备已经实现了高度自动化，在提高芯片制作精度与效率的同时，可以生成大量检测结果。

总而言之，工业大数据的广泛应用将爆发出巨大的价值，但要实现这些价值还有很多工作要做。首先，制造企业要树立大数据意识。如果大数据意识无法树立，数据分析手段无法完善，就无法对大数据进行深入挖掘，并将大数据的潜在价值释放出来。其次，制造企业要消除数据孤岛。很多工业企业存储了大量数据，但这些数据无法开放、共享，价值也得不到深入挖掘。因此，想要让工业大数据实现更好的应用，必须做好数据的集成管理。

场景4：产品销售预测与管理

◆产品销售预测方面

大数据是一个非常实用的工具。企业可以通过多个维度对产品销售的历史数据进行分析，判断出产品的区域性需求占比及其变化，了解产品的受欢迎程度，找到产品最常见的组合形式，据此对产品的销售策略以及铺货策略进行调整，如图12-2所示。

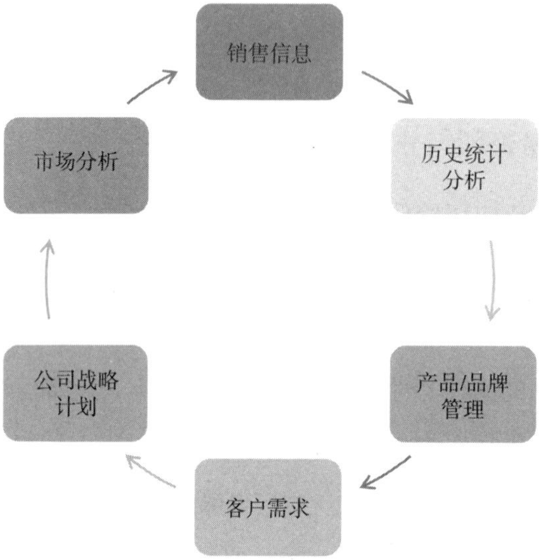

图12-2　产品销售预测流程

例如，在开学季，如果某地高校比较多，书包、文具等产品的需求量就会暴涨。在这种情况下，经营文具的企业就可以在开学季到来之前面向这些城市的经销商开展促销活动，刺激他们加大订货量，同时要在开学季到来前一两个月重新规划产能，以满足突然暴增的产品需求。

◆产品开发方面

企业可以通过对消费者的关注点进行分析，从功能、性能等方面对产品开发策略进行调整。以手机为例，过去几年，人们对手机功能的关注点主要在音乐方面，如今，人们开始关注手机的拍照、游戏等功能。面对消费者关注点的变化，手机厂商要利用大数据进行深入分析，发现更多潜在的销售机会。

目前，很多电商企业都将大数据分析视为提升供应链竞争力的重要手段。以京东商城为例，京东商城利用大数据系统对各地的商品需求量进行预测，发现某地某商品仓储不足就会立即安排调配，借此保证配送效率，让顾客享受到次日达的配送体验。

在RFID、物联网、移动互联网等技术的支持下，工业企业可以获得完整的产品供应链数据，通过对这些数据进行分析可以提高仓储、配送效率，降低相关成本。例如，海尔公司利用大数据、物联网等技术构建了一套完整的供应链体系，以订单信息流为中心，在市场链的带动下促使整个物流、资金流快速流动，对全球的供应链资源、用户资源进行整合。

海尔公司的供应链体系囊括了许多类型的数据，包括客户数据、企业内部数据、供应商数据等。通过对这些数据进行采集、分析，海尔公司可以对供应链进行持续优化，对客户需求做出快速响应。

另外，在美国，大型OEM（Original Equipment Manufacturer，原始设备制造商）供应商有数千家，为制造业企业提供超出1万种不同品类的产品。每家厂商都可以通过对销售数据、市场信息、展会、新闻、竞争对手的数据等进行分析来预测产品销量。

以传感器获得的数据、供应商提供的数据以及销售数据为依据，制造企业可以对各地的产品需求进行预测，对产品库存与销售价格进行跟踪，在产品价格下跌时进行采购，以降低采购成本。如果制造企业可以对产品传感器获取的数据进行深度挖掘、充分利用，就能够提前预测产品故障，甚至可以提前知道什么时间、什么环节会出现什么故障，需要什么零件等，从而减少产品库存，优化供应链。

第五部分

5G+工业互联网

第十三章
技术爆炸：开启第四次工业革命

5G如何赋能工业互联网

工业互联网在未来的发展中将经历三个阶段，分别是工业数字化转型阶段、全面互联阶段、自主智能阶段。目前，工业互联网正处于工业数字化转型阶段，这一阶段的任务是探索工业企业数字应用，使工业企业的活动实现全流程数字化集成。2025年，工业互联网将进入全面互联阶段，这一阶段的主要任务是实现企业全生命周期互联。2030年，工业互联网将进入自主智能阶段，这一阶段的主要任务是实现工作状况自动感知、工艺技术自动学习、工业装备自动执行、管理系统自动组织。

工业企业想要打造工业互联网平台，让平台实现健康、快速发展，首先要完成数字化、互联化和智能化转型。由此可见，工业互联网平台的建立和发展不是一蹴而就的事情，而是一个长期的过程。

2019年，中国5G正式商用，标志着5G时代的到来。纵观通信技术的发展史，可以发现每一代技术标准大约有十年的发展周期。在未来的十年，5G将助力工业互联网实现不同发展阶段的跨越，将工业互联网从工业数字化转型阶段带入全面互联阶段，甚至进一步带入自主智能阶段。具体来看，5G主要通过三条路径为工业互联网赋能，如图13-1所示。

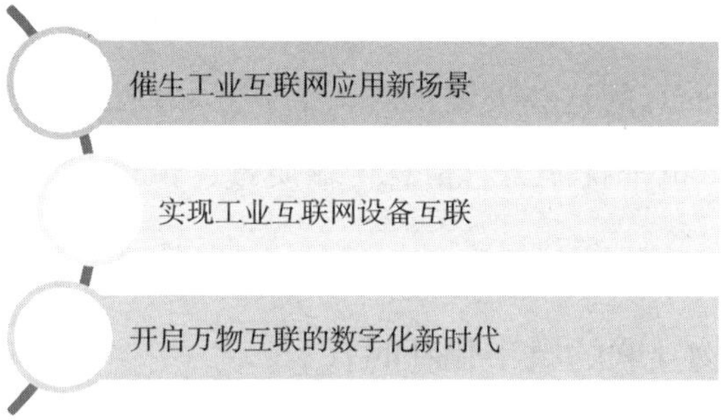

图 13-1　5G 赋能工业互联网的三大路径

◆催生工业互联网应用新场景

5G芯片具有非常高的集成度，可以实现大存储，并拥有强大的计算和处理能力。如果将5G与云计算相结合，就可以大幅度增加终端的功能，推动工业互联网开发出更强大的应用。

5G移动终端既可以是智能手机，也可以是VR设备，这些终端设备都必须具备网络通信功能。在5G技术的支持下，用户与移动终端将成为信息交互的主体，用户可以根据自己的喜好向移动终端传达个性化的定制信息，使移动应用逐渐丰富起来，而移动应用的丰富又可以进一步促进5G技术与工业互联网融合，推动整个工业互联网的发展。

◆实现工业互联网设备互联

5G网络具有高速率、低延时、高可靠性等特点，它能为工业互联网的各个环节提供高稳定性的网络连接，实现人与设备、设备与设备之间的互联互通，推动整个工业体系实现数字化、智能化发展。5G技术凭借其鲜明的特征可以让工业互联网快速融入移动环境。

作为未来移动互联网的技术系统，5G的关键技术有很多，包括大规模MIMO天线技术、网络功能虚拟技术、非正交多址接入技术、毫米波通信技术等。借助5G的这些关键技术，工业互联网可以获得进一步优化，如在资源共享、抗干扰能力、信息传输质量、传输复用效果等方面实现优化。

◆开启万物互联的数字化新时代

万物互联是未来网络发展的趋势，也是工业互联网的发展目标。所谓万物互联，就是借助通信网络实现人、机器、数据等各种事物之间的互联互通，实现数据的快速传输和信息的无缝对接，为用户创造更大的价值和更丰富的体验。

在工业互联网领域，企业可以利用5G技术更全面地贯彻万物互联的理念。例如，企业通过5G技术可以进一步优化工业中的“物连物”应用，将“物连物”应用拓展到更广阔的领域，实现更大范围的覆盖，为工业互联网创造更多价值。

5G工业互联网的关键技术

5G的核心技术主要包括两大类，分别是无线连接技术和网络技术。其中，无线连接技术主要包括超密集组网（Ultra Dense Networks，UDN）、灵活双工/全双工、新型编码调制、新型多址技术、D2D（Device-to-Device，设备到设备）、高频段通信、Massive MIMO[①]等；网络技术主要包括移动

① Massive MIMO即大规模密集型多输入多输出天线阵列，顾名思义，就是在基站端安装若干天线，形成天线阵列，从而实现若干天线同时进行数据的收发作业。

边缘计算（Mobile Edge Computing ，MEC）、网络切片（Network Slicing）、时间敏感网络（Time Sensitive Networking，TSN）、SDN（Software Defined Network，软件定位网络）/NFV（Network Function Virtualization，网络功能虚拟化）、C-RAN（Cloud-Radio Access Network，基于云计算的无线接入网）架构等。

未来，5G在工业互联网中的应用将从无线连接技术向网络技术逐步延伸。

◆移动边缘计算

移动边缘计算涉及四大核心技术，分别是网络、计算、存储和安全，利用MEC可以把密集型移动计算任务从中央处理器转移到网络边缘服务器中。

机械制造行业的数据开放性较差，工业协议标准也不统一，各种工业协议标准层出不穷，如罗克韦尔自动化的EtherNet/IP、贝加莱的PowerLink、西门子的Profinet、施耐德的ModBus-TCP、德国倍福的EtherCAT等。不仅如此，还有不少设备生产商和集成商会自主开发各种私有工业协议。

由于工业协议标准不统一、互不兼容，协议的适配、解析以及数据的互联互通变得异常困难。另外，传统数据采集技术难以保证信息实时采集和上传，无法满足高精度、低时延工业场景中的实时监控需求。

但是，这些问题都能通过移动边缘计算技术予以解决。人们利用MEC技术既可以解决协议转换问题，又可以解决多设备接入问题，同时还能根据行业数据接入特点，通过流式分析对数据进行实时处理，快速对事件做出响应，满足不断变化的业务条件与需求。

◆网络切片

网络切片可以构成端到端的网络逻辑，它涵盖有线网络、无线网络、核心网、传输网、业务应用等所有网段，可以根据用户需求灵活地提供一种或多种网络服务。

作为SDN/NFV技术应用于5G网络的关键服务，对于工业企业来说，网络切片主要有三大功能：一是资源隔离，不仅可以保障各个业务环节的数据安全、独立，还能保障工厂内外部的数据安全与独立；二是功能定制，它能以较低的成本满足不同环节和场景的特定需求；三是质量保障，它能使工业互联网在工厂内部的应用变得更可靠。

◆TSN

时间敏感网络本质上是一组协议簇，主要位于数据链路层。在底层网络架构中，时间敏感网络可以消除以太网数据传输的不确定性，还可以让不同协议的网络实现相互操作。时间敏感网络是OT和IT融合的基础，不仅能够快速打通工业通信协议，还能够快速打通现场总线。

如何在5G网络上应用TSN服务呢？这就需要将5G网络与TSN融合，让两者实现互通。3GPP① 组织在R16规划中已经将5G NR支持工业互联网作为新的研究课题。经过研究发现，一些对时间敏感的工业应用场景对网络时延和可靠性提出了更高的要求，其时延可能需要达到0.5ms，可靠性需要达到99.9999%。时间敏感网络TSN over 5G NR要满足工业需求，就需要在服务质量、自动寻址和分组分发等方面发挥作用，这样也有利于5G和TSN更好地实现集成。

---

① 3GPP全称3rd Generation Partnership Project，译为第三代合作伙伴计划，成立于1998年12月，最初的工作范围是为第三代移动通信系统制定全球适用的技术规范和技术报告，中国于2019年加入。

5G驱动OT与IT的深度融合

OT网络和IT网络是工业企业的底层网络，它们通常都是有线网络，占比可达90%。工业现场环境复杂多变，需要更为灵活的网络系统进行应对，因此越来越多的工业通信开始采取无线传输方式。但是，与通信行业相比，工业领域的无线通信协议非常多，而且标准严重缺失，很难实现互联互通。

传统工业无线网络可以分为四大类型，如表13-1所示。

表13-1　传统工业无线网络的四大类型

类型	应用场景
Wi-Fi网络	主要应用于仓储移动扫码、巡逻机器人通信、AGV调度等领域，该网络的缺点是覆盖范围小、性能不稳定，存在较高的安全隐患
蓝牙、UWB（Ultra Wideband，无载波通信）、Zigbee[①]、RFID射频技术等	主要应用于导航定位、数据采集、资产管理等领域，缺点在于覆盖范围有限
工业无线技术三大标准	工业无线技术三大标准分别是HART基金会发布的WirelessHART标准、ISA国际自动化协会（原美国仪器仪表协会）发布的ISA100.11a标准、中国自主研发的WIA-PA和WIA-FA标准，这类网络均工作在2.4GHz频段，缺点在于技术产业链狭窄、价格昂贵
蜂窝网络	包括2G、3G、4G、NB-IOT等，主要应用于车辆远程监控等场景，缺点在于难以支持大带宽、广连接和低时延的场景

5G具有大带宽、广连接、低时延、高可靠等特性，因此选择5G支撑工业互联网的无线网络无疑是最优选项。目前，工业通信中的无线连接仅占总网络连接的10%。但是，随着工业发展对移动性要求的提升，无线连接将在未来几年开启高速发展模式。随着5G的发展和应用，工业通信中

① Zigbee，基于IEEE802.15.4标准的低功耗局域网协议。

的无线连接预计到2026年将达到58%。

对于工业企业来说，无论OT（Operation Technology，运营技术）系统还是IT（Information Technology，信息技术）系统都采取分级架构。OT系统自下而上包括三个层级，分别是Level 0、Level 1、Level 2，其中Level 0包括外部仪器、传感器、执行器等；Level 1包括控制系统PLC（Programmable Logic Controller，可编程逻辑控制器）、DCS（Distributed Control System，分布式控制系统）等；Level 2包括数据采集与监视控制系统（Supervisory Control And Data Acquisition，SCADA），如图13-2所示。

图13-2　OT系统的三大层级

IT系统自下而上包括Level 3、Level 4、Level 5三个层级，其中，Level 3包括生产管理系统MES、PMS（Performance Management System，绩效管理系统）；Level 4包括商业和物流系统管理ERP、MRP（Material Requirement Planning，物资需求计划）、CRM等；Level 5包括云计算、数据分析和AI等，如图13-3所示。5G无线接入技术和网络技术在工业企业的应用将从底层逐步延伸至上层，以更好地支撑OT系统和IT系统。

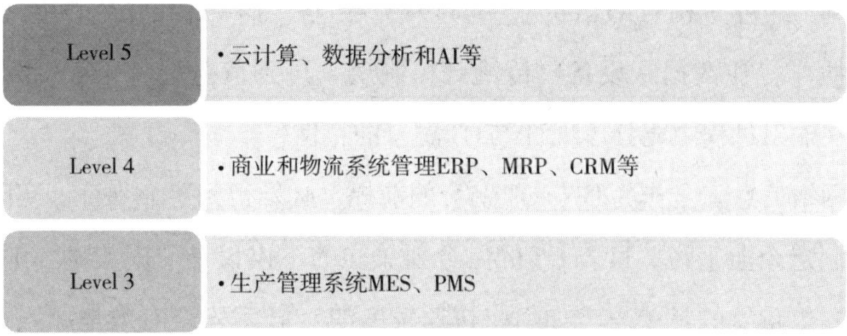

图 13–3 IT 系统的三大层级

从OT生产厂商来看，传统工业自动化公司纷纷延伸其产品的IT 能力，包括联合软件公司拓展软件实力，如西门子收购PLM，布局数字孪生；ABB[①]联手微软，部署“物联网+”新战略；施耐德并购英维思，推出“能效+”。也有一些自动化公司部署基础的IoT（Internet of Things，物联网）集成、Web 技术融合方面的产品与技术，如贝加莱、罗克韦尔自动化等，期望通过搭建软硬件平台帮助用户快速实现数字化转型。

IT领域不断地向OT领域渗透，利用其自身掌握的先进技术以及广阔的市场阵地，紧盯OT领域的“互联、互通、互享”需求，推出带有明显OT特征的产品和技术。

企业设计建立IT治理（IT Governance）策略时可以将OT纳入其中，自下而上打通生产过程层到企业信息管理层整个流程，使企业管理向更精益的方向发展。

制造企业可以通过搭建公有云和私有云，从单纯出售产品逐步转向以出售服务为主的价值交付，如出售设备的有效工作时间等。

① ABB是一家电力和自动化技术公司，于1988年在瑞士苏黎世成立，主要为工业和电力行业客户提供提高业绩和降低对环境不良影响的解决方案。

制造企业重构IT/OT部门，通过双方在同一个项目开发或者生产流程中的协作，让数据从设备层传输到控制层，再到信息层直至云端无缝对接，在输出过程中充分体现IT与OT融合的特性。

网络信息安全作为IT与OT融合的前提，必须得到可靠保证。实际上，对于制造企业来说，IT与OT的融合要关注的不仅仅是“虚实术”的合二为一，更重要的是要思考如何将快速发展的IT技术安全有效地融入OT环节，提升运营效益，为企业创造价值。

5G工业互联网面临的挑战与对策

◆ 5G与工业互联网融合面临的挑战

5G与工业互联网的融合面临着三大挑战，如图13-4所示。

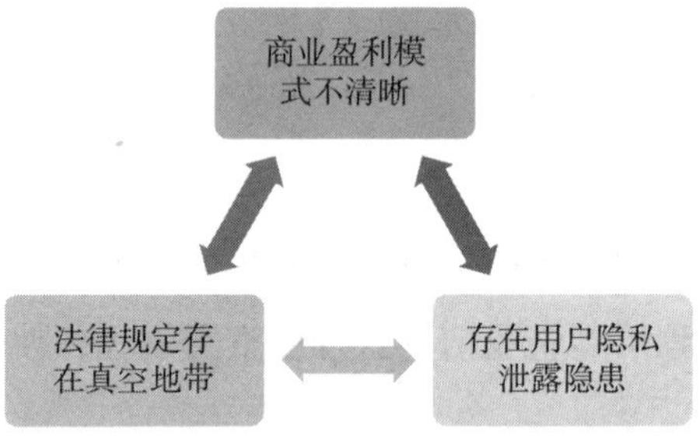

图13-4 5G与工业互联网融合面临的三大挑战

（1）商业盈利模式不清晰。现阶段，在工业互联网中，5G的应用与传统C2C、B2B模式存在一些差别。应用场景不同，5G网络技术提供的服务也不同，如在定制化服务过程中，5G网络技术要根据客户的需求提供不同的网络带宽和网络维护服务等。同时，5G网络的运营成本相对较高，这些因素都可能改变5G的商业模式和计费方式。因此，目前企业对5G的商业盈利模式尚不清晰。

（2）存在用户隐私泄露隐患。第一，与硬件设施的网络界限相比，虚拟技术的网络界限不够明确。5G网络虽然可以通过引入虚拟技术实现网络资源共享，但同时也会将用户的隐私信息置于不确定的环境内，使用户的个人隐私信息更容易被泄露。第二，与3G、4G相比，5G是多种无线接入技术的集成，能够实现万物互联。因此，如果用户将个人数据信息上传至网络，其他人就可能利用技术手段轻易地获取这些信息。第三，在垂直行业应用5G技术时，用户的个人信息可能暴露在网络的任一环境中，导致身份信息、购物信息、健康信息等信息泄露。

（3）法律规定存在真空地带。法律可以指导和规范人们的行为，而用户的网络行为也需要相应的法律体系予以指导和规范。为了规范网络社会的发展秩序，我国出台了《网络安全法》。但是，对于个人信息保护，我国尚缺乏针对性的专门立法。

在5G商用时代，人们倾向于追求个性化、定制化的网络服务，这就需要用户提供更加精准的个人信息，而我国关于个人信息和网络发展的法律大多是在《网络安全法》之前出台，很难适应5G网络飞速发展的需要，部分法律存在真空地带。

进入5G时代，信息技术与工业互联网会逐渐实现深度融合，越来越多超出人们认知的智能服务将会出现，网络科技公司在为用户提供服务的同时，也可能存在窃取和违法利用用户信息的情况，这种超出法律规范范围的服务需要用户警惕。如果缺乏法律法规的约束，用户就可能面临信息泄露或信息被非法利用的风险。

◆ 5G与工业互联网融合发展的对策

为了应对融合过程中出现的各种问题，相关企业需要采取一定的措施，具体如图13-5所示。

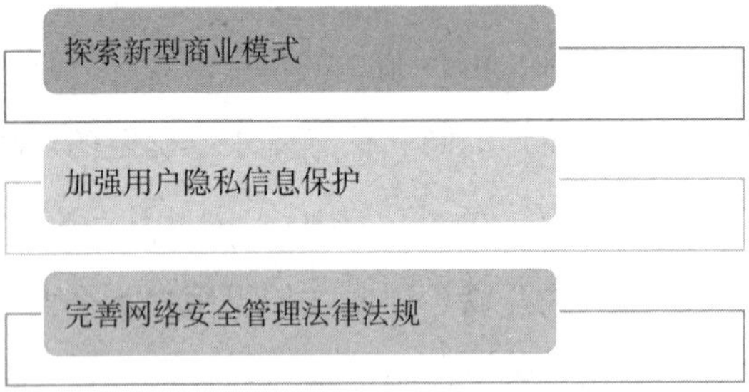

图13-5　5G与工业互联网融合发展的对策

（1）探索新型商业模式。在5G网络模式下，工业互联网企业、运营商等要加强合作，共同探索新型商业模式。5G的商用发展要面临不同的应用场景、不同的定制服务，企业要针对特定的场景或服务构建特定的计费模式，形成多维度计费模式，一方面可以进一步提高5G运营商的收入，另一方面也可以推动工业互联网发展。

5G网络的服务成本较高，因此要避免网络基础设施的重复建设，实现5G网络资源的实时共享，在提高网络资源利用率的同时，不断推动5G网络高速发展。

（2）加强用户隐私信息保护。在不同的应用场景中，5G网络需要在网络技术层面为用户提供不同的信息保护方式，要实现这一点，就需要根据用户的个性化需求，构建与之对应的数据信息保护模型。也就是说，企业在保护用户隐私信息方面要做到因地制宜，要利用密钥、用户许可、访问控制等功能保障用户隐私信息不被攻击和泄露，确保个人信息在传输、处理过程中的安全。

在工业互联网发展过程中，政府要做好服务和监管工作，如要适当参与工业互联网的管理，在获取、传输和处理用户信息方面规范企业的行为，保障用户的利益。

除了政府监督外，工业互联网发展也需要社会监督。一般来说，公民和组织是社会监督的主体。在现实生活中，社会监督的效果较差，这主要是因为监督主体缺乏专业性。因此，我们应该加强专业社会监督组织建设，如成立计算机行业协会等，从而加大社会监督力度。

（3）完善网络安全管理法律法规。首先，相关单位要在5G环境中明确界定“个人信息”的性质，并在5G技术应用方面加强前瞻性研究。其次，5G网络可以为工业互联网的发展提供关键力量，因此，要在发展5G技术的同时，平衡好其与用户信息保护之间的关系，不能一味地发展5G网络而忽略对用户信息的保护，也不能一味地将精力和时间投入到用户信息保护中不顾5G网络的发展。最后，我国还要在推动5G网络高速发展的同时，建立健全相应的网络安全法律法规体系。例如，对于一些在《网络安全法》之前出台的不适应新发展环境的法律法规，政府应该根据实际情况适当修改，从而建立起与高速发展的网络社会相适应的法律法规体系。

第十四章
落地路径：5G与工业互联网的融合

5G+工业互联网助力两化融合

工业互联网产业联盟对我国“5G+工业互联网”的案例进行调研，根据发布的数据，目前，我国拥有至少1000个以上的“5G+工业互联网”案例，涵盖设备信息采集、AR辅助诊断、超高清视频监测、产品质量检测、远程控制、AGV小车等多个应用场景，显著提升了工业生产的质量和效率。

以广东湛江钢铁炼钢厂为例，在生产过程中，该炼钢厂利用5G网络采集和传输生产数据，通过实时监控系统了解OG风机和除尘风机运行状况，运用大数据分析技术诊断问题和制定决策，完美地代替了人工点检工作，使检修负荷降低了10%，人工点检次数下降了81%，风机宕机时间降低了10%，大幅度提高了产能和效率。未来，随着5G标准不断完善以及产业逐渐成熟，“5G+工业互联网”的落地应用也将越来越多。

◆ “5G+工业互联网”助力两化融合

5G网络和工业互联网是重要的新型基础设施，也是各行各业数字化、智能化转型的基础。“5G+工业互联网”可以推动工业化与信息化深度融合，帮助传统产业实现数字化转型升级。目前，“5G+工业互联网”不仅在航空、汽车、通信、电子、机械等制造领域初显锋芒，而且也正在矿业、港口、能源等领域加快落地，两者的结合极大地拉动了产业投资，促进了产能转换。下面我们以制造业和采矿业为例，简单阐述“5G+工业互联网”在传统产业中的应用。

（1）制造业。目前，许多企业的无线传输存在缺陷，如数据传输速度较慢、传输范围较小、可靠性较低等。由于这些限制，大部分工厂采用线缆来连接设备。5G网络可以通过无线的方式连接和控制工厂设备，让不同的生产要素实现高效协同，为生产制造各环节从有线连接到无线连接提供可能。

中国商飞、中国联通、华为公司、上海交通大学等企业和高校是我国5G创新应用的先行者。其中，中国商用飞机有限责任公司通过与中国联通、华为公司、上海交通大学等合作实现了“5G+工业互联网”的融合应用。

中国商飞致力于飞机制造关键环节的转型升级，涉及的环节包括智能排产、生产提速、质量检测、智能物流等。该公司针对这些环节，与自己的合作伙伴共同开发出30多项5G工业应用场景，包括双目相机时钟同步检测系统、智能复合材料无损检测系统等。

凭借这些先进的检测系统，中国商飞的工艺装备检测效率提升了10倍，只需要5分钟就能完成设备的检测评价，极大地推动了制造业向数字化、网络化、智能化转型升级的进程。

（2）矿业开采。矿业开采的第一要务是安全，矿业开采的工作环境比较复杂，大型机械在露天作业时常常会面临坠落、滑坡等安全隐患。

中国移动与包头钢铁集团在矿业开采领域达成合作，在内蒙古白云鄂博矿区共同打造了基于5G的无人矿卡编组作业应用案例。中国移动和包头钢铁集团为了实现矿区5G网络信号的无缝覆盖，共同创造出了“基站+应急车”的网络连接方案。这一创新方案能够保障矿用无人驾驶卡车的实时校正和调度，为采矿工作安全、高效地开展提供了强有力的支持。

另外，中国联通与青岛慧拓智能也曾就内蒙古鄂尔多斯宝利煤矿的无人开采工作达成合作，两大企业通过5G网络实现了智能机群与无人采矿卡车、挖掘机之间的互联互通。无人采矿卡车、挖掘机在编队作业过程中通过多种传感器感知路况信息，然后将信息数据反馈给智能机群，再由智能机群通过分析、判断和决策向编队机械发送命令，指导它们顺利完成开采工作。这种做法极大地提高了矿山作业的效率，降低了开采工作的危险系数。

◆ “5G+工业互联网”的落地路径

目前，5G与工业互联网的融合还处于起步阶段，如要进一步发展，需要产业、学校、科研机构等各界力量进一步联动，具体做法如图14-1所示。

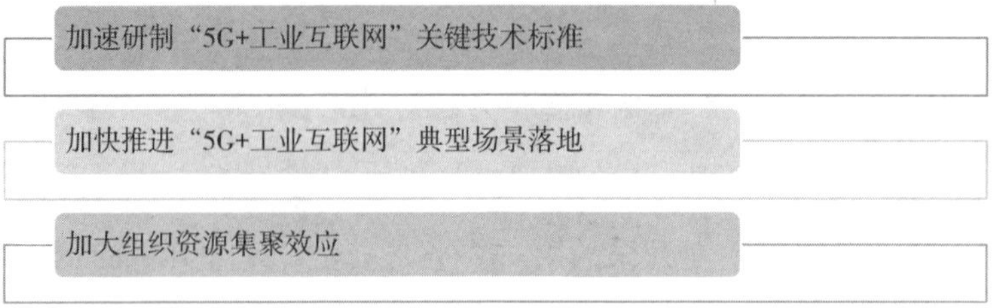

图14-1 “5G+工业互联网”落地的三大路径

（1）加速研制“5G+工业互联网”关键技术标准。在5G标准不断固化，“5G+工业互联网”应用逐渐成熟的过程中，各个行业企业一方面要加强“5G+工业互联网”关键技术攻关，另一方面要加速“5G+工业互联网”融合应用标准的制定。

（2）加快推进“5G+工业互联网”典型场景落地。各领域的龙头企业，包括传统制造企业、信息服务企业、终端厂商等要积极合作，构建“5G+工业互联网”的典型应用场景，开发标杆应用，推动融合应用场景落地，带动周边应用同步发展。

（3）加大组织资源集聚效应。工业互联网和5G应用的产业联盟、协会等组织要充分发挥产业资源集聚作用，为供需产业链升级和“5G+工业互联网”内网建设搭建合作平台。

5G三大场景在工业领域的应用

4G改变生活，5G改变社会。根据国际电信联盟无线电通信局（ITU-R）定义，5G拥有三大典型应用场景，分别是eMBB（增强型移动宽带）、mMTC（海量物联网通信）和uRLLC（低时延高可靠通信），如图14-2所示。

其中，eMBB可以支持大流量、高宽带、高速率的数据传输和处理，是4G技术的升级版本；mMTC和uRLLC能够契合工业互联网的特性，适应泛在互联的要求，支持低时延、高可靠、广覆盖的产业应用需求，是最能充分体现5G魅力的两大场景。

5G基于eMBB场景的应用包括照相检测、AGV、云化机器人等；基于mMTC场景的应用包括海量连接、室内定位等；基于uRLLC场景的应用包括工程机械远程控制、柔性机械臂等。

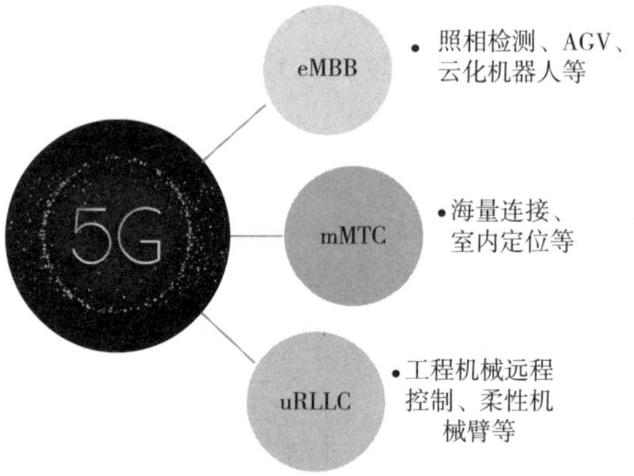

图 14-2　5G 三大应用场景

◆照相检测

以发动机质量检测为例，在生产过程中，传统的质量检测主要是由人工完成，比较依赖员工自身的经验，容易受主观因素的影响，准确度、标准化程度都不高，而且人力成本较高，整体效率很低。但是，如果在生产线部署基于5G通信的工业相机和边缘计算网关，就可以对生产设备进行移动测量和道边检测，确保设备故障判断的准确率和检查维修的高效性。

◆ AGV

以智能仓库为例，智能仓库中的智能搬运机器人（Automated Guided Vehicle，AGV）是一种基于单机智能进行视觉导航的机器人，这种机器人的单台成本较高，不利于大规模应用。不仅如此，人们在使用这种机器人时还需要对工作环境进行改造，而且部署和改造比较困难。

传统AGV的灵活性较差，连接Wi-Fi信号容易被干扰，而且视觉导航很难在小带宽支撑下运行。如果使用激光导航，一旦处于高密度运行状态就会互相干扰。如果将5G技术与AGV相结合，就能彻底解决Wi-Fi方案引起的诸多难题，保障AGV稳定运行，提高仓库整体的运营效率。

◆云化机器人

以物流仓储领域为例，采用5G无线网络可以让智能机器人摆脱线缆的束缚，生产商只需要为机器人装上轮子一类的辅助装置，就能让机器人随心所欲地自由移动，这有利于工厂实现低成本、高效率的转线生产。

利用5G网络让云化机器实现人与云端控制中心的连接，通过大数据和人工智能技术控制生产制造过程，以自动组织和协同机器人来实现柔性化生产，这将是未来生产制造的主要方式。

◆海量连接

以汽车生产线为例，工厂可以为每台发动机制定相应的编号和条码，利用大量传感器检验每一道工序的数据，记录产品生产环节的所有信息。通过引入5G R16标准的NB-IoT（Narrow Band Internet of Things，NB-IoT，基于蜂窝的窄带物联网）技术可以实现多种功能。一方面，NB-IoT能够及时采集海量的生产数据，根据数据编排生产计划；另一方面，NB-IoT能够替代生产人员工作，减少人工干预和人工成本。另外，NB-IoT还可以提升作业自动化率和生产线自动纠错防错能力，提高人均产出效率等。

◆室内定位

室内定位是一种普遍的工业需求，目前，室内定位主要采用蓝牙、激光、UWB①等技术来实现。室内定位的算法主要有两类，分别是TOF/

① UWB（Ultra Wideband）是一种无载波通信技术，利用纳秒至微微秒级的非正弦波窄脉冲传输数据。

TDOA算法和AOA算法。其中，TOF/TDOA算法通过光速乘时间进行距离测量，AOA算法通过智能天线判断信源方向和场强角度来定位，两种算法的精度相差无几，都可以达到分米级别。

如果采用5G技术进行室内定位，则可以实现高精度距离测量。5G利用新型编码调制和大规模天线阵列可以提供较大的宽带，有助于参数估计，支持高精度距离测量。利用大规模天线技术，可以在5G基站中设立128个天线阵子，可以支持高精度角度测量。

另外，利用5G超密集组网技术（Ultra-Dense Networks，UDN）可以让多个基站同时接收用户信号，通过多基站协作实现高精度定位。未来，5G低功耗定位标签将被大量部署在各个角落，逐渐取代蓝牙、激光、UWB等室内定位的地位。

◆工程机械远程控制

以工程机械为例，机械工人的工作场景比较复杂，有的在偏远地区作业，有的在有毒、有害场景中作业，人工成本较高、作业危险性较高等。为了避免这些问题，工业企业可以利用5G独立组网对远端工程机械进行远程控制。5G独立组网具有大带宽、高可靠、低时延等特性，在它的支持下，工程机械远程控制将变得更加安全、高效。

◆柔性机械臂

用5G无线网络替代有线网络对工厂内自动化装备进行实时控制，一方面可以降低线缆成本，减少布线工作量；另一方面可以大大节省生产时间，实现柔性化生产。更重要的是，企业可以将基于5G网络的控制系统的部分功能迁移至边缘计算设备上，让边缘设备实现自我控制，这不仅可以降低单体设备成本，还可以降低设备后续的维护、升级成本。

eMBB标准是基于NSA和SA的标准，它是在5G 3GPP R15版本中制定的。在后续的版本中，mMTC标准和uRLLC标准才被陆续制定出来。未来，5G在工业互联网领域的应用将从eMBB向mMTC和uRLLC延伸。未来的5G不仅可能颠覆工业控制方式和部分装备产品形态，还可能具有争夺工业标准话语权的实力。

5G工业互联网的典型应用场景

5G的发展为万物互联的实现提供了可能，作为新一代信息通信技术，5G将带领我们步入数字化新时代。与5G相同，工业互联网也具有重要作用，它既是第四次工业革命的重要基础，也是掀起全球产业变革浪潮的“主推手”。

工业互联网可以实现人、数据、机器的网络连接，是推动工业向智能化方向发展的重要引擎。5G与工业互联网不仅是现代社会发展必需的新型基础设施，也是经济社会发展的重要驱动力量。“5G+工业互联网”既是技术的融合，也是一种新型商业模式的诞生，它们赋予了新型基础设施建设新的意义，为传统产业的数字化转型、产能升级和社会经济发展提供了新动力。

2019年6月6日，我国政府向各大运营商发放了5G商用牌照，这既标志着我国已经具备提供5G商业技术和服务的能力，也标志着我国正式步入5G时代。以大宽带、低时延、广通信等特点为依托，5G可以赋能各行各业，推动云端机器人、云VR、工业传感器等各个产业繁荣发展。

◆ 5G+无人驾驶

5G可以满足无人驾驶对无线通信技术的低时延、快传输、高稳定、高可靠的要求。人们可以利用5G通信技术实现车与人、车与车、车与基础设施之间的实时通信，同时还可以将5G网络与导航定位技术相结合，对传输带宽进行个性化分配，从而实现安全、稳定、高效的无人驾驶。

◆ 5G+远程控制

5G的作用不容小觑。现实生活中存在许多危险生产场景，如危险化学品生产、开采煤矿、挖掘救人等。在这些场景中，前端设备要与后端设备形成信息闭环才能保证安全生产。

如果说前端设备是受控者，后端设备是控制者，那么就需要受控者将感知到的环境信息通过网络发送给控制者，再由控制者根据数据信息做出决策，并向受控者发布指令，最后由受控者根据指令完成相应操作。这个过程对网络的要求很高，而5G网络拥有高可靠性和低时延性，能够让前端设备实现更精准的实时性操作。

以钢铁生产为例，由于工厂的生产环境相对复杂，移动设备众多，数据传输线路铺设难度较大；同时，由于生产设备监控系统需要根据生产任务和生产线情况进行频繁的调整，因此，钢铁生产厂采用有线组网的方式不仅投入高、施工周期长，而且操作起来也非常复杂和困难。在这种情况下，如果借助“5G+远程监控”技术传输生产视频监控数据和设备运行状态数据，将能够大大降低投入成本，缩减施工周期，降低操作难度。

◆ 5G+云VR/AR

AR/VR是未来智能生产过程中不可或缺的关键技术，能够在智能生产、装配、维护过程中发挥举足轻重的作用。AR技术可以让生产数据可视化，帮助企业更清晰、直观地监察生产状态。

员工只需要配套AR设备，就可以通过扫描生产线设备获取生产数据，了解生产状态，实现高效、安全生产。设计师利用VR技术可以构建与真实工厂相对应的虚拟仿真工厂，而且可以在虚拟环境中对生产状况进行实时监测。

为了降低AR设备的硬件成本，企业需要采用无线网络实现AR设备与云端的连接，这样就能将数据信息上传至云端，由云端进行数据分析和处理，无须额外的设备担任处理数据的角色。另外，将5G与AR/VR相结合还可以打破时空限制，让用户进一步获得沉浸式体验，具体应用场景有两个，如图14–3所示。

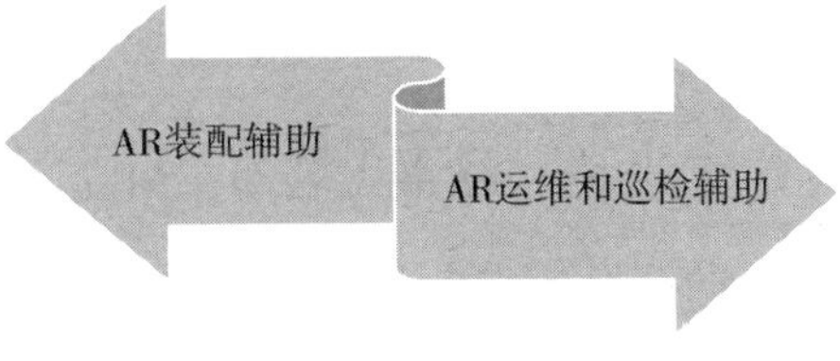

图14–3　5G与AR/VR结合的两大场景

（1）AR装配辅助。以飞机制造为例，飞机制造厂的装配工艺复杂，工人上岗需要经过严格的培训，大幅度增加了工厂的开支。而将基于5G网络的AR技术应用于飞机制造的辅助装配、线缆端接、支架拆装、虚拟测试等环节，可以根据空间定位和物体识别手段实现数模全息显示，解决飞机制造过程中遇到的各种问题。例如，飞机制造企业可以借助AR技术自动识别线缆，工人只需要根据连接器上的指示就能找到线缆对应的孔位，直接插入接连即可。

这套技术可以大大缩减工位，使原来三个人才能完成的工作由一个人完成，不仅可以节省装配时间，提高装配效率，还可以进一步提高装配的准确性。另外，由于整个飞机装配过程可以自动记录在云端，所以可以随时进行后续的查验。

（2）AR运维和巡检辅助。以水电站的远程运维和水利项目巡检为例，传统的售后模式存在诸多问题，如数据信息相对孤立、判断问题不够准确、解决问题效率较低等。如果将AR远程协助系统应用于售后维修，就可以邀请经验丰富的技术专家远程指导和协助一线运维人员进行设备检修。

这种售后模式一方面可以协助工作人员进行项目巡检、故障排查和设备维修，为企业节省派遣专业人士的费用，另一方面也可以节省时间，显著提高工作效率；同时还可以对检测结果自动判别，逐步建立智能专家系统，提高问题判断的准确率。

利用5G网络进行远程监控、AR装配辅助、AR运维和巡检辅助等更多的是起到辅助作用，还没有形成对生产过程的控制。而如果要在生产过程中形成对机器的控制，往往需要利用多台独立机器协助完成同一个功能，这就对整个网络提出了更高的要求，如要求网络要具有高速率、大带宽、低时延、高稳定性和高可靠性等特性，至少要确保在工作过程中实现零停机，这也是目前大多数工厂习惯采用有线网络的主要原因。未来，随着技术不断完善和基础设施不断升级，5G技术的应用将从辅助功能向生产过程控制逐步延伸。

第十五章

工业自动化：赋能智能工厂落地

智能感知：数据分析与科学决策

目前，我国正在加速推进新型基础设施建设。而在新型基础设施建设中，5G和工业互联网又是主要的建设领域，因此它们备受社会关注，热度持续升温。

作为新一代移动通信技术，5G可以给人们带来更好的移动互联网体验，同时，它也将作为关键支撑技术，给智慧城市、智能政务、智能制造、智能医疗、自动驾驶等领域带来强大助力。而工业互联网平台则是一个顶级的生态系统，它代表的是新一代信息技术与制造业的深度融合创新，其既包括硬件领域，也包括软件领域，其中，硬件领域涉及生产设备、材料和产品等，软件领域涉及管理软件、数据和服务等。

5G将开启万物互联的新时代，其最主要的应用场景正是工业互联网。因此未来产业的发展方向是实现"5G+工业互联网"的融合，这两者的融合可以大大促进各生产要素间的高效协同，帮助企业快速实现数字化转型升级。

在传统工业时代，工业生产有三个基本要素，分别是生产设备、原材料和能源，而这三大基本要素与传统制造业的发展紧密相关。可以说，企业利用生产设备、原材料和能源生产物质产品的历史就是传统制造业的发展历史。在工业领域，生产设备、原材料和能源的每一次技术革命都会引发生产方式的变革，从而促进生产力的巨大飞跃。

近年来，5G、物联网、云计算、大数据等新兴技术快速崛起，在技术的驱动下，许多生产设备之间实现了互联互通，而这一趋势也催生出了一个新的概念，即工业互联网。

在数字化时代，工业生产不断朝着数字化转型，信息技术与制造业的融合日益加深，知识和信息数据已经成为工业生产的新要素。

5G技术能够为工业生产提供高带宽、实时性和高可靠的网络支撑。作为一种关键的基础设施，5G具有良好的性能，能够支撑工业互联网战略的顺利实施。5G的发展和应用能促进网络“大规模连接”能力的升级，在这种能力的支撑下，生产设备、信息数据、物品物料和生产人员都能实现互联互通，从而推动工业生产的巨大变革。

未来，工厂的全面互联互通将呈现以下场景：

- 自动化技术将与云计算、大数据、区块链、人工智能等新技术深度结合，从而大大减少生产工序或使生产工序纵向集成。
- 在工厂内部，设备与设备之间、设备与员工之间能够实现互联互通，各方的协同合作可以把整个工厂连接为一个紧密的整体，所有的设备和工人互相之间都可以发出请求并及时给予对方响应。
- 先进的技术手段可以监控和调整资源利用率和产品生产率，使整个生产朝着个性化、柔性化方向发展。

在工业互联网时代，企业需要对生产过程进行实时决策，而这就需要实时获取大量的生产数据作为支撑，那么如何实时获取大量的生产数据呢？显然，就要利用网络连接技术实现生产工序与生产设备、物品物料之间的全面互联互通。

具体的做法如下：第一，企业需要在各个生产设备中部署大量的传感器，以确保控制系统能够不断从各个生产流程获取相关数据，并确保数据的实时更新；第二，企业要全面整合企业运营系统、业务系统、供应商、客户的各种数据，加强对供应链上下游各个环节和流程的实时掌控，从整体上提高企业供应链网络的效率。

在工业互联网时代，企业的设备和生产线要真正实现智能化，仅具备自动化控制功能是远远不够的，企业还需要为设备和生产线附加“感知”功能，使生产安全和产品生命周期管理等都处于可“感知”的范围，以实现与之相关的智能化指标要求。

那么，企业如何将“感知”功能附加于生产设备和生产线之上呢？为设备和生产线安装物联网传感器和5G无线网络通信模块等，便能够使它们具备强大的感知能力。

设备和生产线借助传感器和无线网络可以将感知的信息数据传输到工业互联网平台，并由平台数据中心通过大数据分析做出智能决策。如此可以在附加设备和生产线感知功能的同时，赋予它们可视化、可控化、自动化和自我优化等功能，真正使设备和生产线实现感知式的智能管理和生产过程，达到高度智能化，如图15-1所示。

由此可见，在未来的工业生产过程中，如果将感知数据和大数据分析相结合，就能实现高可靠性、高稳定性的运转。其中每一个生产环节都是清晰可见的，企业不需要进行人工干预便可以实现高效、有序的自动运营。

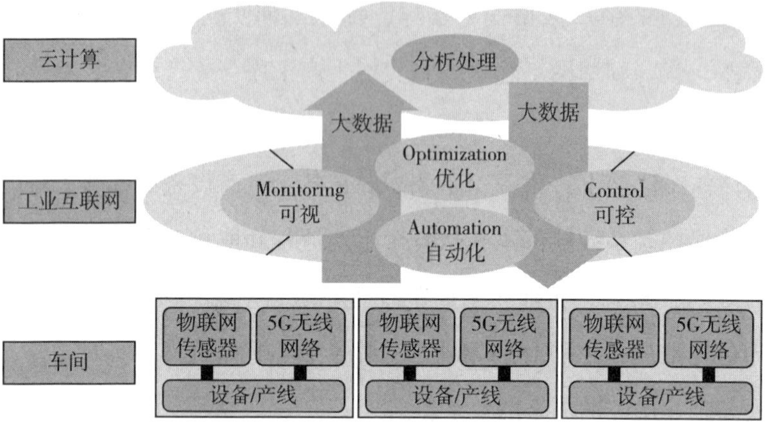

图 15–1　智能预测与智能决策

在感知式的智能管理和生产过程中，企业可以通过数据采集实时监控生产状况，并能通过产品全生命周期管理系统、生产调度系统等不断优化资源配置，节省原材料、降低能源消耗，从而提高企业生产效率和企业效益。

此外，企业也可以通过感知技术识别生产过程中的异常情况，提前预测设备故障，及时做好设备的维修和补充工作，提前发现和解决生产质量问题，监控并确保整个生产流程的安全。同时，企业还能通过大数据技术对感知和采集到的历史数据以及实时数据进行对比分析，提前预测产品产量和销量，及时调整生产调度和供销体系，预防各种生产安全问题。

总之，在5G网络技术、感知技术、大数据技术的支持下，企业可以全面掌控生产管理系统，实时掌握生产资源和生产数据，从而大大提高自身的抗风险能力，如可以自如地应对内外部不确定因素带来的挑战，灵活地响应多样化、个性化的市场需求，更加柔性地应对不断变化的产业链上下游需求等。

智能预警：实现精准的生产调度

在以信息化和自动化为主要特征的工业3.0时代，工业企业大大降低了劳动力成本，显著增加了设备资产占比。但是，即使智能化、自动化的设备也无法避免磨损、老化等问题，这就使企业不得不面临设备远程诊断与运维服务方面的挑战。

制造业的工序以零件组装为主，其机械加工设备的结构比较复杂，技术水平较高，容易发生故障，且一旦发生故障，设备的损坏程度会比较严重，这一系列原因加大了设备的维修难度，也制约了企业设备管理水平的提升。

“5G+工业互联网”可以帮助企业增强对设备状况的把握，它能通过实时监控、追踪、报警等方式为企业实现精准调度和科学决策，并利用管理系统提前预测问题，从而主动应对。

德国博世公司就与诺基亚公司达成了一项特别的合作——共同开展工厂无线化试验。与Wi-Fi和4G网络相比，5G网络具有高带宽、低时延和高稳定性等明显优势。而对工业企业来说，部分关键工序短时间停止比工厂生产线大规模停止的损失更大，而要确保那些精度要求较高的关键工序顺利运行，就需要网络快速响应。而这就意味着，企业需要建立高带宽、高灵敏度、高可靠性和高稳定性的网络来满足关键生产任务的需要。

传统工厂在网络建设方面存在诸多问题，一方面企业铺设光纤难度大、成本高；另一方面无线通信技术Wi-Fi很难扩展，且速率低、时延长、抗干扰性差，企业可能因为网络延迟付出巨大代价，如高延迟会限制生产力的提升，降低产品产量和质量，从而降低生产利润，如图15-2所示。

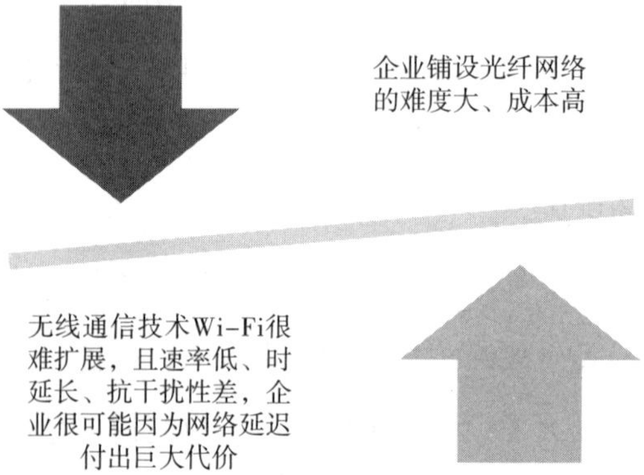

图15-2　传统工厂网络建设的两大问题

目前，不少发达国家的工业企业更倾向于用移动互联网来代替Wi-Fi，因为其数据传输速度和可靠性更高。而随着5G技术的发展，5G局域网络的应用必然更加广泛。

5G局域网不仅拥有更高的容量，可以支持更多的设备，还能满足高带宽应用的需求，覆盖更广的范围，能实现无缝移动性、工业级可靠性，可以提供更高的服务质量和安全性，另外，它能帮助产业链上游供应商实现相互操作。

作为一种小范围无线网络通信方式，Wi-Fi的电波最多能覆盖几十米的范围，不过，由于其安装较为方便，并且可以在不产生费用的情况下收发大容量数据，所以在日常生活的各个场景中被广泛使用，如车站、商场、公园、酒店等。

但是，Wi-Fi的缺点也非常明显：首先，Wi-Fi的安全性较低，任何人只需掌握Wi-Fi的用户名和密码就能随意接入网络；其次，Wi-Fi不够稳定，连接时间过长、连接数量过多、设备受到干扰等都会导致掉线情况，因此，其不适用于企业生产的关键工序。

4G 移动网络总体要比Wi-Fi网络稳定，但仍会存在传输延时问题，且很难实时发送音频、视频和高清图像等大容量数据。而5G局域网在使用时不会产生额外的通信费用，可以采用SIM认证，安全性非常高，作为一种专用网络，其不经由公众网，可以为用户提供高带宽、低时延、高可靠性的网络体验。

德国博世公司将电动螺丝刀接入5G局域网后，该专用网络可以自动记录电动螺丝刀拧不同规格螺丝的顺序、转数等数据信息。借助5G局域网，博世公司可以对自己的工业工程管理方案进行实时测试或验证，从而不仅保证产品质量，还可以对拧螺丝之类的错误工序进行提醒。

不仅如此，5G局域网在操作完成之后可以将工程数据和电动螺丝刀的数据反馈到服务器，从而帮助企业更好地实现工业工程管理，并为其他产品提供有用信息。

博世公司的工业工程管理最开始是利用Wi-Fi实现的，后来，公司发现5G局域网在带宽、负荷、网络安全和抗频段干扰等方面的性能指标要远高于Wi-Fi。拥有不同生产线的工厂可能根据生产线的重要程度采用不同的网络，有时还会根据生产需要变换生产线，面对这些特殊的需求，网络通用性较差的Wi-Fi是很难予以满足的。

未来，工业生产必定要建立在海量数据之上，产品的生产模式也将从大规模批量生产转向个性化、定制化生产，而这些趋势和变化都需要高通用性的网络作支撑，而如果继续采用较低通用性的Wi-Fi很可能会制约工业生产的发展。

通常情况下，工厂为了提高产品质量和生产效率往往要实现生产线的自动化。而要实现生产线的自动化，就需要实现对机器人的自动操控。

借助无线网络能够更加灵活地对机器人进行实时控制，但是，传统的4G无线网络难以应对工厂的规模化和工业工程的复杂化发展，只有依靠5G网络才能更好地解决问题。

奥迪公司正是采用5G局域网来实行工业工程管理的。在奥迪公司的生产线上，工业机器人、AGV搬运机器人的控制都是借助5G局域网来完成的。在一些关键工序中，5G局域网能够发挥与有线网络同等的性能，为主要生产线提供高稳定性、超低时延的网络支持。

同时，5G局域网还能将各种生产数据实时汇集到云计算中心或边缘终端，并支撑人工智能对数据进行分析和处理，最终实现智能化决策。此外，5G局域网还能帮助企业实现物流智能化，奥迪公司正是通过5G局域网控制AGV搬运机器人为汽车制造生产线完成零部件的实时配送。

智能溯源：全生命周期质量管理

5G的应用可以大大改善企业的产品质量管理。基于5G网络的人工智能识别系统可以对海量的生产数据进行识别，使企业潜在的缺陷无所遁形，确保企业能够快速发现影响产品质量的问题，并给出有效的改进方案。

以捷普公司（Jabil Inc.）为例，捷普公司将人工智能视觉识别技术应用于电路板制造检测，可以在早期阶段及时发现制造过程中的潜在错误。

电路板制造需要35～40道工序，利用人工智能视觉识别技术，在第2道或第3道工序中便能够发现存在的缺陷，故障检测准确率可达到80%。凭借这一检测手段，捷普公司在生产制造过程中能够节省约10%的能源和17%的人工成本。而人工智能视觉识别技术需要借助先进的网络才能发挥最大作用，在5G网络的支持下，这种技术可以实时访问海量数据，极大地提高了检测效率。

传统的追踪溯源方法是利用QR码扫描和RFID来追踪产品，但其只能在产品到达时记录产品的位置和时间，很难辨别问题环节。而如果在产品上安装5G传感器，就可以自动检测供应链上下游各环节，快速获悉问题根源。企业可以利用人工智能系统查询产品的包装信息，包括产品的位置、温度、湿度、重量等，并实时掌握产品状态。

5G不仅能实现万物互联，还能对信息数据进行追踪溯源。在5G技术的支持下，企业的质量管理将全面升级，相关管理工作不仅能在工厂内更好地展开，还可能延伸至工厂外。在工业互联网时代，工厂将迎来巨大变革，所有的物品物料都会拥有自己的“身份证”，每一款产品都是一个拥有唯一标识的终端，所有的原材料或零部件都带有自己的信息属性。

在生产过程中，智能系统会根据原材料或半成品携带的信息自动将它们送入下一道环节。工作人员既不需要搬运物品，也不需要操作机器设备，只需与生产设备、原材料、产品等进行数据交互即可。

同时，企业可以借助5G网络将产品、原材料、零部件的所有信息传送到云数据库，一旦设备发生故障或产品出现质量问题，就能立刻通过查询数据库进行快速诊断。智能数据库拥有丰富的经验、专业的知识和可靠的数据，可以有效确保故障、问题的精准定位，促使售后维修服务快速、有序、安全地开展，实现产品的全生命周期管理。

产品全生命周期管理是一种现代化的管理理念，它是未来信息化管理的典型代表。作为一种信息化管理系统，产品全生命周期管理可以为企业催生出多种先进的生产管理方式，如并行设计、协同制造、敏捷制造、柔性制造等，如图15-3所示。

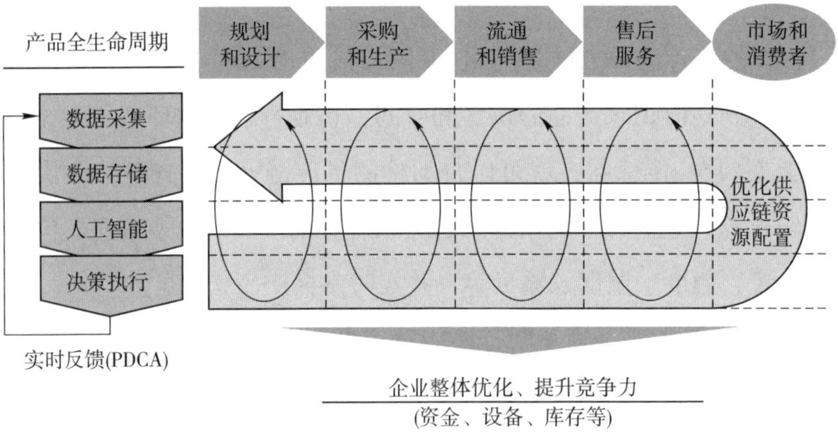

图15-3　全生命周期管理实现制造闭环

随着5G商用的落地，企业的所有流程都可以被优质网络服务所覆盖。利用5G网络，企业可以实现产品的全生命周期质量管理，具体包括产品的研发设计、制造、销售、售后服务、报废回收、再生利用等。

产品的全生命周期质量管理主要涉及三个方面，如图15-4所示。

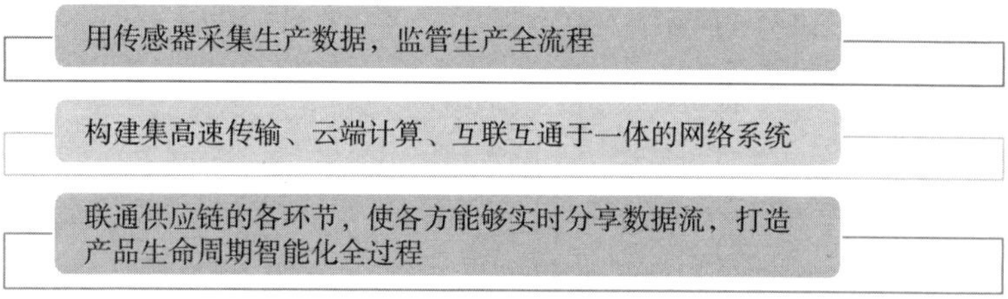

图 15-4 产品全生命周期质量管理的三个方面

（1）用传感器采集生产数据，监管生产全流程。企业可以利用大量传感器采集生产数据，并通过云计算对数据进行分析，从而提前预测设备故障，有针对性地制定应对措施。同时，也可以利用高清摄像头或3D工业相机对原材料或零部件进行监控；利用灵敏的测量性传感器代替仪器、仪表的部分功能，实时进行精确的工业测量，或者在恶劣环境下进行数据采集等。

（2）构建集高速传输、云端计算、互联互通于一体的网络系统。传统企业在采集数据后通常会直接在某个车间对所属数据进行响应，而数字化企业则是把不同工厂、不同车间、不同时间段的数据集中传送到统一的工业互联网数据中心，然后再对海量数据进行分析和计算，构建出高价值、多用途的算法模型。

（3）联通供应链的各环节，使各方能够实时分享数据流，打造产品生命周期智能化全过程。例如，企业可以实时收集各环节的物流信息，提高物流效率，降低物流成本。

智能生产：分布式资源配置管理

工业互联网最重要的价值是通过5G、人工智能、云计算、大数据、区块链等技术联通企业各个环节，实现产品全生命周期的分布式管理和资源的按需配置，如图15–5所示。

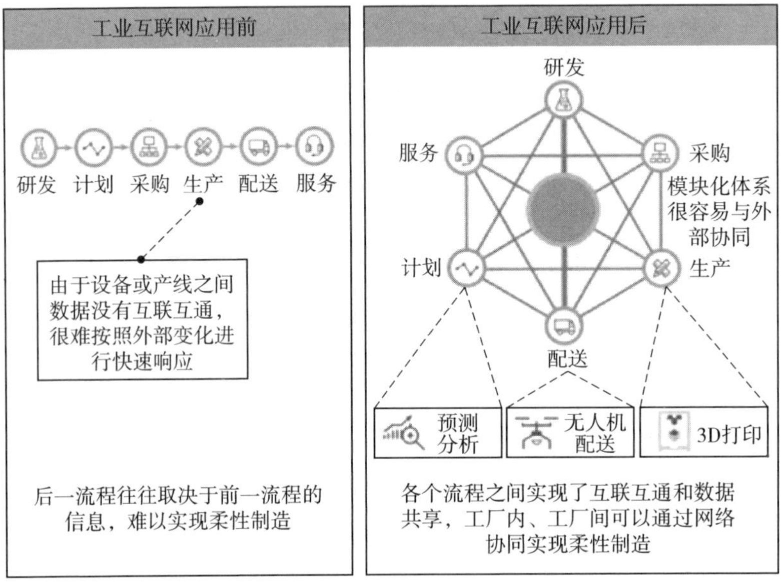

图15–5 工业互联网时代的资源配置

在工业互联网应用之前，企业通常有六个组织运营环节，分别是研发、计划、采购、生产、配送和服务，六者相对固定，缺一不可。而当企业进入工业互联网时代后，这六个环节将发生重要的转变，从原来的相对独立演变成可以按需进行动态配置。

每一个环节相当于一个模块，均具有物联网感知能力，都能与相应的软件管理系统对接。这六个模块可以根据客户的需求自动进行整合，并高效而灵活地满足生产需求。

产品的全生命周期管理包括对产品研发、生产、销售、物流、服务等各个环节的管理。在这些管理过程中，企业要充分利用传感器的感知和采集能力、5G网络的数据传输能力以及工业互联网的统筹能力，通过对大量数据的分析和价值挖掘不断迭代产品设计，优化生产工艺，灵活安排生产调度，从而抛弃完全遵照计划与经验进行管理的做法。

传统生产管理通常是按照产品设计、组织生产、产品测试、产品销售等环节的先后顺序展开。未来，借助工业互联网平台，生产管理的各个环节可以交叉进行，实现并行制造和分布式管理。

企业在工业互联网时代将具备多重能力，如自主学习能力、自我组织能力、自我优化能力和自主决策能力等。同时，企业不仅能进行柔性生产和智能制造，还能将管理、运营、决策、优化等工作相融合，形成统一的数字化管理和运营体系。

那么，如何看待企业的数字化转型呢？从物理角度来看，它是一种自动化的转型；从信息角度来看，它是一种智能化的转型。因此，可以将企业的数字化转型看作是自动化与智能化相融合的“双升级”。

企业的数字化转型不仅仅是简单地用机器来代替人的工作，也不只是减少人工干预、提高生产可控性，其真正的意义在于利用5G网络联通生产管理的各个环节，借助工业互联网整合和优化企业的资源配置，实现智能预测、智能决策，形成柔性生产和智能制造，创造多样化、个性化的产品，从而进一步提高企业的核心竞争力。

未来，5G技术将与工业互联网不断进行深度融合，企业的数字化转型也将朝着感知式管理生产过程、预警式管理设备状态、周期式管理产品质量、按需式管理资源配置等目标不断迈进。

第六部分

AI+工业互联网

第十六章
未来制造：开启工业智能新范式

从人工智能走向工业智能

在数字时代的大背景下，AI技术越来越受到人们的重视，因其能为各个领域赋能，从而推动行业发展。但是，人工智能技术与工业互联网的融合却并不容易，两者的融合还存在一些问题，如基础设施和技术相对薄弱、AI技术难以规模化应用等。对此，不仅要结合工业领域的行业属性来推动两者的融合发展，还要从算力、数据、算法等方面进行综合研究。

目前，AI技术在多个领域大行其道，但是，在工业互联网领域，AI技术却一直缺少规模化的应用场景。工业互联网的未来目标是实现智能制造，而这就需要首先进行智能化转型，在这个过程中，AI将作为核心技术发挥举足轻重的作用。

AI技术与工业互联网的融合是实现工业制造4.0的必要条件，也是传统工业向智能制造发展的关键所在。那么，AI技术要如何渗透到工业互联网之中，又如何在其中充分发挥作用呢？

工业互联网是工业系统与计算技术、分析技术、感应技术、互联网技术等多种技术融合的产物，其可以为智能制造提供必要的基础设施。具体来看，它能借助网络技术将机器设备连接，通过感应技术采集大量的工业数据，利用编码技术将各种数据进行标注处理，利用AI技术和专家训练生成推理模型，并利用推理模型进行分析、判断、预测、规划和决策等智能活动。

在工业物联网的应用过程中，人、设备、智能系统可以借助网络连接实现协同合作，这种协同合作一方面能替代专家的部分脑力劳动，另一方面也能替代生产工人的部分体力工作，同时还能替代设备维修的部分人力。如此，不仅能实现工业生产的高度集成化，还能提高工业制造的自动化和智能化水平。

现阶段，AI技术相关的应用在智能质检、设备预测性维护等方面已经取得了一定成果。其中在智能质检方面的应用最为成熟。传统质检存在诸如人工成本高、连续作业时间短、只限于随机抽检、缺陷检出率低等问题，而利用图像识别、深度学习等人工智能技术可以很好地解决这些问题，帮助企业提升产品质检效率，确保出厂产品合格率。

《数字中国建设发展报告（2018年）》的数据显示，我国在2018年的工业数字化经济占行业增加值的比重为18.3%。这意味着我国工业数字化程度还比较低，而要想在工业领域全面落地AI技术，则必须提高我国工业的数字化程度。随着工业互联网应用范围的不断扩大，我国必将加快工业数字化转型的“脚步”，不难预见，在未来几年内，AI技术在工业制造领域的应用将进入“爆发期”。

AI工业互联网落地的三个关键

加快AI技术应用，使其赋能工业互联网领域，还需要解决一些关键性问题。AI工业互联网落地的三大维度如图16-1所示。

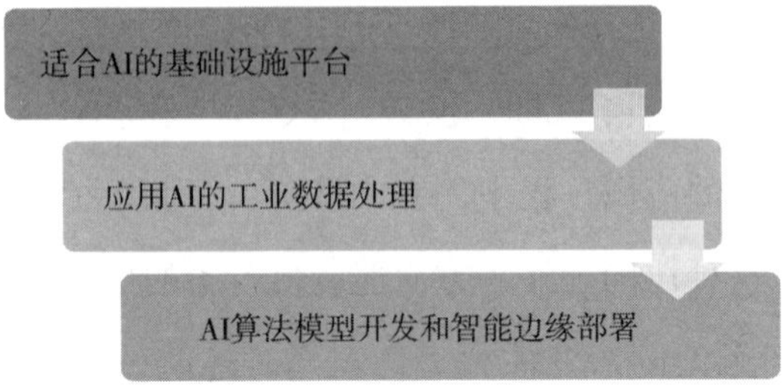

图 16-1　AI 工业互联网落地的三大维度

◆适合AI的基础设施平台

常用的AI基础设施平台主要有两个：一是训练平台；二是推理平台。

无论在硬件方面，还是在软件方面，训练和推理这两大AI应用场景对技术的要求都非常高，不仅涉及ICT（Information and Communications Technology，信息与通信技术）、芯片技术和各种计算框架，还涉及算法模型的迭代开发和算力资源的管理调度。而且，AI底层技术生态具有复杂性和多样性，企业要想建立AI基础设施平台，就需要具备综合ICT技术能力。

◆应用AI的工业数据处理

工业数据具有明显的行业属性，数据的采集和处理也具有工业特色。

例如，工业企业在自动化检测过程中需要检测不同尺寸、不同规格的产品零部件，特别是在图片的采集和标注环节具有较强的行业特性，而且不同的工业企业在质检流程和质检标准方面可能存在较大区别，这些方面都需要企业根据实际情况进行研究和落实。

◆AI算法模型开发和智能边缘部署

企业在开发AI算法时通常要解决一个最重要的问题，即"数据+特征+模型"的问题。

工业大数据复杂而多样，企业在开发AI算法模型的过程中必须解决特征工程的难题。作为工业领域“最难啃的骨头之一”，特征工程的攻关对企业来说是一项巨大的挑战。企业不仅要对机器学习及深度学习与自身业务的结合具有较深的理解，还要利用不同的特征工程针对不同的算法达到同一个目的。

企业在开发并训练好AI算法模型之后，还要结合具体的业务问题对AI算法模型进行落地，使AI算法模型与原有工业业务系统实现精准对接，同时开发新的AI应用系统，以使AI算法模型赋能工业业务领域，从而取得预期的效益。此外，企业还要在开发工业人工智能应用系统的同时，熟悉工业互联网的应用和业务流程，确保对AI模型实行统一部署。

以上就是AI赋能工业互联网需要解决的三大问题，而这三大问题与AI领域的三大要素相对应，分别为算力、数据和算法。

工业互联网智能化的基石

工业互联网智能化需要建立在三大基础之上，如图16–2所示。

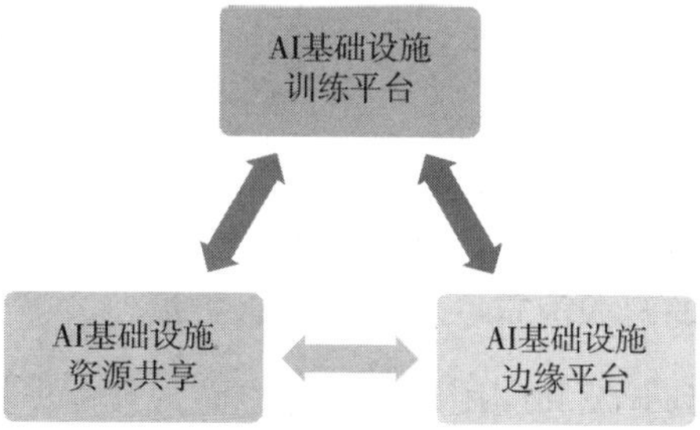

图16–2　工业互联网智能化的三大基础

◆ AI基础设施训练平台

AI技术落地工业互联网首先需要解决算力问题，而AI基础设施平台的搭建可以完美解决这一问题。

作为典型的科学计算应用系统，AI基础设施平台需要具备强大的科学计算能力，这就要求其具有两个重要特征：一是需要工程数学作为算力支撑进行大量的计算处理；二是集群并行处理底层ICT基础设施，使单机具备高算力，多机具备集群计算能力，从而确保算法模型迭代计算的实时性和高效性。

◆ AI基础设施边缘平台

AI基础设施边缘平台主要用以解决两大问题：一是算法模型的推理部署问题；二是算法模型的落地应用问题。

要解决这两大问题，AI基础设施边缘平台不但要在算法模型推理部署中提供边缘服务器，兼容多种计算框架的模型格式，支持各种第三方模型算法的模型库，而且要具备在不同工业场景下的数据接入和处理能力。另外，AI基础设施边缘平台还要实现与原有工业业务系统、AI应用系统的对接，并针对AI边缘计算设备实行资源管理和调度。

◆ AI基础设施资源共享

利用AI技术解决业务问题时，需要了解AI基础设施的相关知识和部署环境。AI基础设施往往规模比较大，如果企业采用孤岛式建设或资源利用模式会造成严重的资源浪费。为了避免这种浪费，需要使AI基础设施资源在单一业务中得到开发和应用的同时，也能为其他项目提供支持。

那么，如何才能实现AI基础设施资源共享呢？这就需要兼顾以下两个方面：

（1）技术实现。AI基础设施资源共享平台要能支持不同计算的软件环境，如复杂数学计算、高性能并行计算等，同时还要与硬件资源配合，为企业提供AI训练等。这就意味着，在实现AI基础设施资源共享的过程中，开发者需要解决复杂数学计算、高性能并行计算的软硬件技术问题。

（2）资源使用。AI平台中有大量的AI资源，算法工程师可以通过申请获得这些资源，然后再向平台上传训练数据，并借助平台强大的算法开发需要的模型。模型开发完成后，算法工程师还可以借助模型对计算资源进行迭代计算，每一次迭代计算的结果都需要在客户端快速呈现。

如此庞大的计算量需要以强大的网络带宽为支撑。在公有云模式下，客户端与AI系统通过互联网连接，一方面互联网的宽带难以支撑庞大的数据流，另一方面AI算法模型使用的是显性代码，很难保证核心技术的网络安全。因此，AI平台的计算任务是公有云模式难以支撑的。而由于私有云模式采用的是网络专线或局域网，宽带较为充足，安全性也较高，足以满足客户端与AI系统的连接需求，因此，算法工程师借助这种网络可以方便、快捷、安全地进行迭代训练。

AI对工业互联网应用技术的支撑

对于工业互联网来说，人工智能相当于“大脑”。随着算法不断完善、算力不断提升、算据日渐丰富，人工智能处理数据的能力也会不断增强，为深度学习的实现奠定良好的基础，使工业互联网预测、解决问题的能力得到进一步提升。

与人工智能相关的产业大致可以划分为三个层级，分别是基础层、技术层和应用层，如图16–3所示。

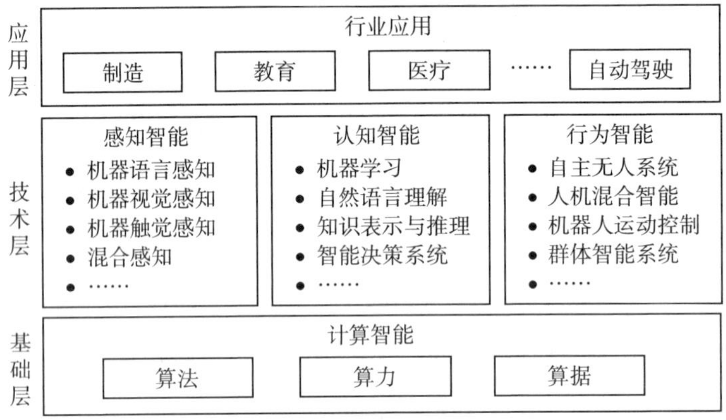

图 16–3　人工智能相关产业的三大层级

其中，基础层的内容主要包括算法、算力和算据。算法可以让机器实现自主学习，人工智能算法的类型多种多样，其中最典型的算法包括回归算法、分类算法、聚类算法和模式识别算法等；作为人工智能应用平台的载体，算力可以推动人工智能应用落地；算据即人工智能从多个维度采集的数据，其也可以为算法模型训练提供支持。

技术层主要由感知智能、认知智能、行为智能相关的三大类技术构成。在推动工业互联网智能化方面，知识图谱和深度学习技术发挥着极其关键的作用。

近年来，深度学习技术飞速发展，在语音识别、计算机视觉和语义理解等领域取得了重大突破，衍生出一系列新算法，包括对抗网络、迁移学习、联邦学习等，为人工智能在复杂质量检测、不规则物体分拣等场景的应用提供了有效的解决方案。

以知识图谱为代表的认知科学主要面向现有的工业知识，通过对现有的各个要素之间的关系进行推理，为全局性、行业性问题提供有效的解决方案，从而在供应链风险管理、融资风险管控等场景实现广泛应用。具体来看，人工智能在智能制造领域的应用如图16–4所示。

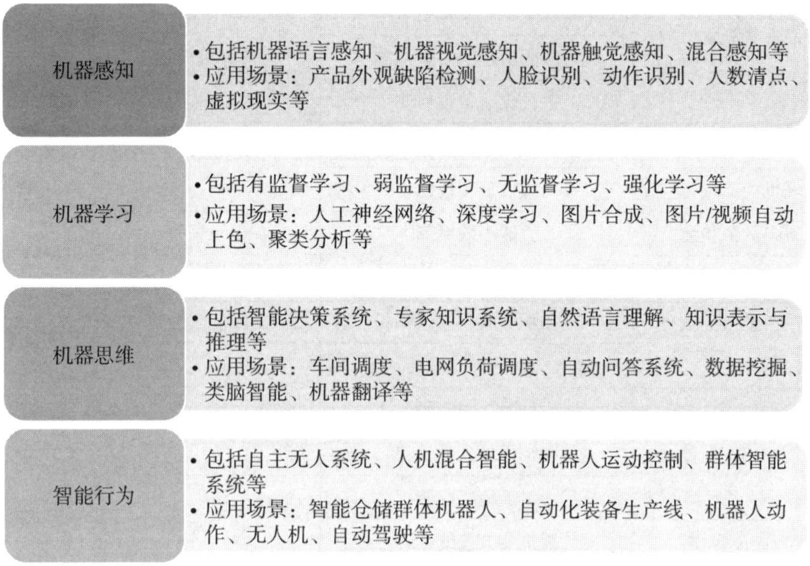

图16–4　人工智能在智能制造中的应用

在工业互联网领域，人工智能最大的价值在于可以增强人类的感知能力、认知决策能力和行动能力。其中，感知能力主要包括文本识别能力、语音识别能力和图像识别能力；认知决策能力指的是在流程优化、决策判断方面寻找最佳解决方案的思维能力；行动能力指的是用人工智能代替人开展一些高体力活动的能力。

在人工智能技术的驱动下，智能制造行业将出现更多新模型、新方法、新系统结构，而这些要素的相互融合可以形成一个更加完善的智能制造生态系统。具体来看，人工智能在智能制造行业的应用场景如表16–1所示。

表 16–1　人工智能在智能制造行业的应用场景

应用场景		技术	理论
产品质量视觉检测	PCB 板自动检测	计算机视觉	机器感知
	药片包装检测		
	饼干尺寸检测		
	布匹面料缺陷质量检测		
	手机琉璃盖板检测		
	锂电池极片毛刺检测		
辅助产品设计	虚拟现实设计		
设备故障检测	机器声纹检测	语音识别	
产品工艺质量改进	生产参数优化	深度学习	机器学习
	轴承健康状态感知		
	道具智能管理与寿命预测		
视频内容监测	危险行为监测	有监督学习	
	固定区域人数清点		
	员工情绪监测	深度学习	
生产技能自学习	微装配机器人技能学习系统		
智能数据决策系统	铝电解生产知识自动化系统	知识工程与专家系统	机器思维
	原料采购知识决策系统		
	故障诊断专家决策系统		
	汽车制造智能分析与决策系统		
	人工智能物流调度与决策系统		
	虚拟调度机器人		
生产因素识别	高速动车组车间生产因素识别	知识发现与数据挖掘	
智能仓储系统	自动分拣机器人	群体智能、运动控制	智能行为
智能装备生产线	自动化装备生产线	运动控制	
	辅助焊接机器人	柔性运动控制	
	上甑机器人	运动控制	

第十七章
融合创新：AI工业互联网的实践

AI驱动工业互联网创新

随着人工智能、5G、大数据、云计算等技术的飞速发展，新一轮科技革命与产业革命在全球范围内轰轰烈烈展开，而以兼具数字化、网络化、智能化等特征的工业互联网为基础，我国制造业将实现转型升级。

各种设备、流程接入互联网后，工业数据的规模将大幅增长，以数据驱动制造业转型升级的想法将成为现实。深度学习等新一代人工智能技术在工业互联网的广泛应用，也将为制造业的转型注入源源不断的动能，颠覆制造业传统的服务、流程、产品与模式，促使制造业实现创新突破。

从目前的实践来看，人工智能在互联网行业应用的主流方向有两个：一是无法解决的复杂问题；二是无法预测的不确定性问题。主要应用类型有三种，分别是产品型应用、流程型应用和洞察型应用。这些应用贯穿了产品设计、生产、质量控制、供应管理、运营维护的整个过程，可以促使各类资源实现优化配置，让生产过程实现网络化协同。具体来看，新一代人工智能技术引领下的智慧云制造技术体系如图17-1所示。

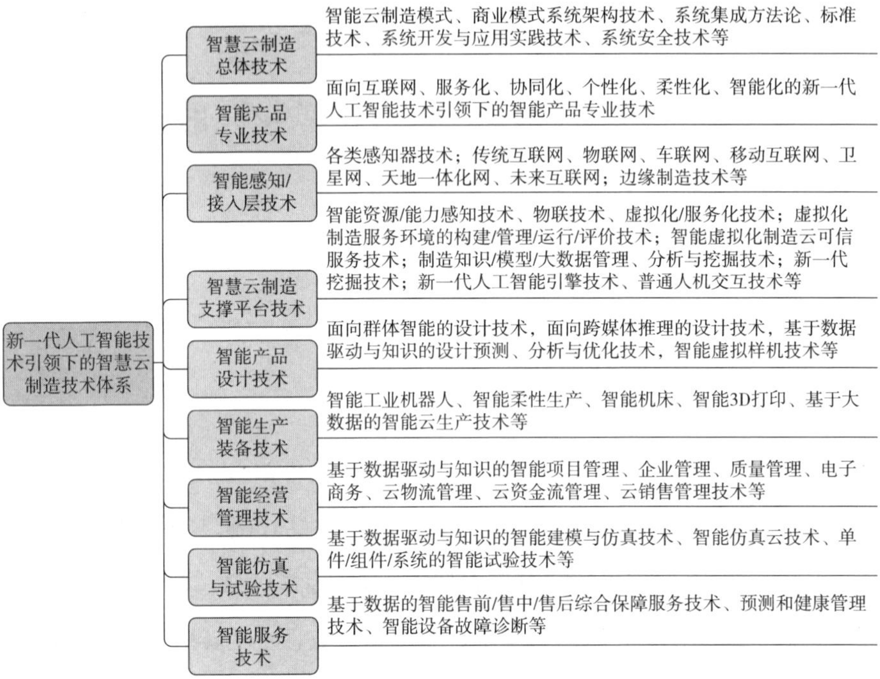

图 17-1　新一代人工智能技术引领下的智慧云制造技术体系

人工智能是物理世界与数字世界的“连接器”，可以为工业互联网的创新发展奠定良好的基础，可以通过对工业数据进行全方位感知，借助数据驱动模型、工业机理模型以及智能决策规则，从纵向升级与横向融合两个维度为工业互联网各类场景的落地提供支持。同时，工业互联网的发展也可以反作用于人工智能，为人工智能技术的发展提供新的落脚点。

◆ AI对工业互联网的应用价值

具体来看，人工智能对工业互联网发展的价值主要表现在四个方面，如图 17-2 所示。

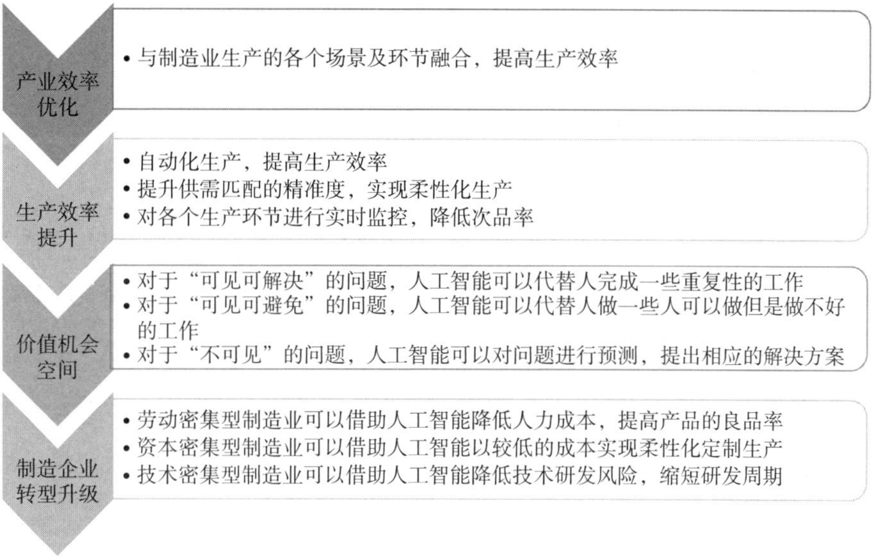

图 17–2　人工智能对工业互联网发展的四大价值

（1）在产业效率优化方面，人工智能可以与制造业生产的各个场景及环节融合，对研发设计、生产制造、生产管理、质量控制、供应链、经营管理等环节进行重构，弥补各环节的漏洞，提高各环节的效率与质量。

（2）在生产效率提升方面，制造企业可以在一些危险、繁重、复杂的工作岗位引入人工智能，实现自动化生产，提高生产效率，降低停产风险；人工智能可以通过对市场供求现状进行分析，对未来的产品需求做出预测，从而提升供需匹配的精准度，提高柔性化生产能力与水平；在生产过程中，人工智能可以对各个生产环节进行实时监控，增强对产品质量的控制，降低次品率。

（3）在价值机会空间方面，对于“可见可解决”的问题，人工智能可以代替人完成一些重复性的工作，如检查产品质量；对于“可见可避免”的问题，人工智能可以代替人做一些受个体水平限制的工作，如对环境进行动态感知；对于“不可见”的问题，人工智能可以对问题进行预测，提出相应的解决方案，如对设备进行预测性维护。综合来说，人工智能在制造行业应用的终极目标就是提前预测问题、解决问题，让制造系统实现无忧化。

（4）在制造企业转型升级方面，劳动密集型制造业可以借助人工智能降低人力成本，提高产品的良品率；资本密集型制造业可以借助人工智能以较低的成本实现柔性化定制生产；技术密集型制造业可以借助人工智能降低技术研发风险，缩短研发周期，提高技术研发的成功率；市场变动型制造业可以借助人工智能对市场发展趋势进行精准预测，加快对市场的响应速度，牢牢抓住每一个市场机遇。

◆人工智能驱动工业互联网创新

人工智能凭借技术优势与应用场景相结合，可以颠覆制造业传统的生产模式、服务模式和商业模式，促使工业互联网实现创新发展，如图17–3所示。

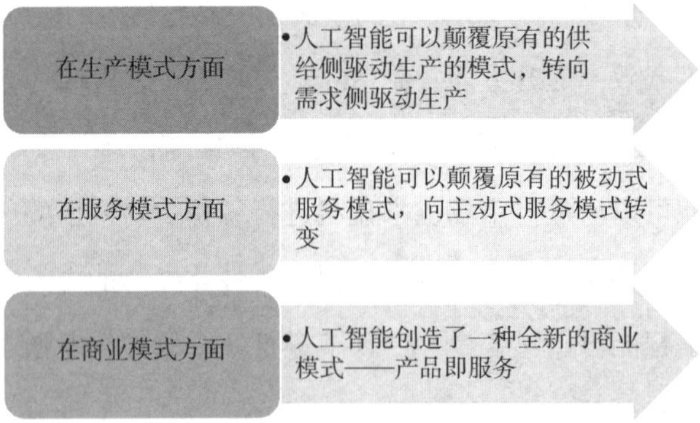

图17–3　人工智能驱动工业互联网创新的三大层面

（1）在生产模式方面，人工智能可以颠覆原有的供给侧驱动生产的模式，转向需求侧驱动生产。通过人工智能赋能，制造企业传统的生产线可以实现智能化升级，通过供需端的数据交换，利用机器学习技术不断提升排产模型的优化水平，从而对用户的个性化需求、定制化需求做出快速响应。例如，红领集团凭借积累的数据让打版、剪裁、缝制、熨烫、质检等环节有序开展，并促使分拣、送料、线号识别等环节实现了智能化升级，利用人工智能技术让各个生产线实现了平衡，进而达到了优化库存、提升产能的目的。

（2）在服务模式方面，人工智能可以颠覆原有的被动式服务模式，向主动式服务模式转变。人工智能可以利用数据挖掘与机器学习构建预测性维护模型，对设备故障进行主动预测与防范。例如，盾安集团利用积累的海量风机温度数据构建故障检测与感知预测模型，可以提前对微小故障进行预测并发出预警。

（3）在商业模式方面，人工智能创造了一种全新的商业模式——产品即服务。在这种模式下，制造商不仅向消费者出售产品，还为其提供服务。例如，通用公司在飞机引擎中安装传感器，不仅向客户销售飞机引擎，而且为客户提供飞机引擎状态监测、故障预警及预测性维护等服务。

AI与工业互联网平台的融合

经过几年时间的高速发展，人工智能已经进入推广培育期，在医疗、金融、零售、安防、交通、能源等行业实现了探索应用，自然语言处理、计算机视觉、精准营销、自动驾驶等人工智能应用的市场规模迅速增长。但在进入工业领域的过程中，因数据、算法、算力等因素的影响，人工智能应用的深度、广度受到了一定的限制。

近年来，工业互联网平台快速崛起，平台汇聚了海量数据，加之内嵌的高效算法以及强大的算力，使人工智能在工业领域的应用有了更坚实的基础。尤其人工智能在工业互联网平台的设备层、边缘层、平台层、应用层的广泛应用，使工业企业传统的生产模式逐渐被颠覆，集实时感知、动态分析、科学决策、精准执行、优化迭代等多种功能于一体的智能化生产呼之欲出，为工业企业的数字化转型起到了积极的推动作用，如图 17-4 所示。

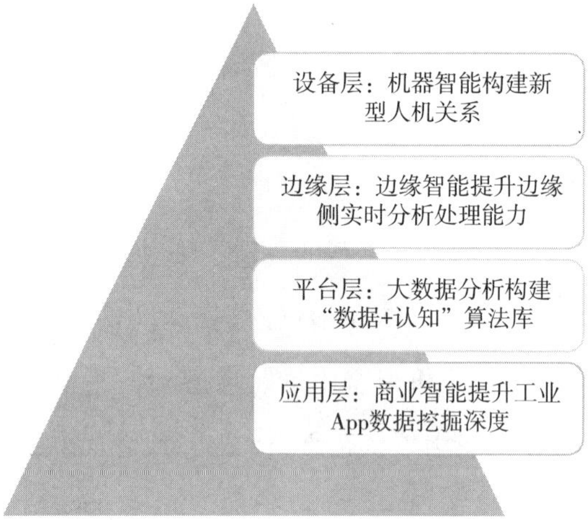

图 17-4　人工智能在工业互联网平台应用的四个层次

◆设备层：机器智能构建新型人机关系

以工业互联网平台为基础，促使人工智能技术在生产、控制、研发等环节深入应用，重构人、机、物之间的关系，实现人机协同。

（1）利用人工智能技术让设备实现自主化运行。为了实现智能化升级，一些工业企业引入了机械臂、运输载具、智能机床等产品。这些产品通过搭载机器学习算法、路径自动规划等模块，可以根据不同的工作场景以及加工对象进行自动调整，以提高各项操作的精度。

（2）利用人工智能技术促使人和机器开展智能交互。工业企业可以利用语音识别、机器视觉等技术打造人机交互模式，提高设备的感知能力与反馈能力，让设备游刃有余地应对各种复杂的工作环境。

（3）利用人工智能技术实现生产协同化。工业企业可以利用人工智能技术将人机合作场景打造成学习系统，不断地对设备的运行参数进行优化，打造一个最佳的生产环境。例如，德国FESTO公司引入仿生协作型机器人实现人机协作生产，让机器人代替人从事高危险性或者重复性的工作，一方面降低了生产过程中的安全隐患，另一方面提高了生产效率。

◆边缘层：边缘智能提升边缘侧实时分析处理能力

人工智能在边缘层通过对终端设备与边缘服务器进行整合，让本地化计算与强计算能力实现优势互补，借此提高数据传输质量与效率，降低模型推理延迟与能耗。具体来看，人工智能在边缘层的应用主要体现在三个方面，如图17–5所示。

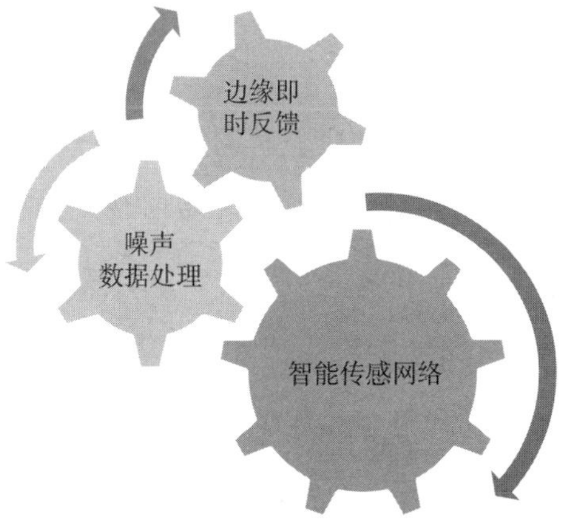

图 17–5 人工智能在边缘层的三大应用场景

（1）智能传感网络。该领域的代表企业有东方国信、寄云科技等，这些企业通过建立智能网关，在IT与OT之间实现了复杂的协议转换，提高了数据采集、连接的速度与效率，提高了对带宽资源不足、网络突然中断等问题的处置能力。

（2）噪声数据处理。该领域的代表企业有天云网、海尔集团等，这些企业利用智能传感器从多个维度采集数据，利用人工智能减小确定性系统误差，提高数据精度，挖掘隐性数据。

（3）边缘即时反馈。该领域的代表企业有思科、微软等，这些企业通过分布式边缘计算节点进行数据交换，与云端广播模型和现场提取的特征值进行对比，利用边缘设备提高响应速度，对操作流程进行优化，缓解云端的计算压力，减少处理延迟，实现云端协同。

◆平台层：大数据分析构建“数据+认知”算法库

人工智能在平台层应用可以利用PaaS（Platform as a Service，平台即服务）架构打造一个整体的数据服务链，将数据存储、数据共享、数据分析与工业模型串联在一起，将数据科学、认知科学两类工业知识在人工智能算法库中沉淀、积累。

（1）在数据科学领域，工业企业利用机器学习、深度学习等技术构建数据算法体系，对大数据分析、机器学习和智能控制等进行综合利用，通过仿真和推理为现有问题提供解决方案。例如，美国康耐视公司利用深度学习技术开发出工业图像分析软件，可以在几毫秒内对产品缺陷进行识别，使缺陷识别率提升了30%以上，并且克服了传统检测方法的缺陷，为复杂缺陷检测与定位问题提供了有效的解决方案。

（2）在认知科学领域，工业企业立足于业务逻辑，通过搭建认知算法体系为企业智能决策、风险管理等机理不明确的工业问题提供有效的解决方案。例如，西门子、IBM、华为等企业通过搭建供应链知识图谱，对交通、物流、媒体等信息资源进行整合，使供应链风险管理的质量与效率得到大幅提升。

◆应用层：商业智能提升工业App数据挖掘深度

在应用层，开发者可以利用工业互联网平台工具，面向特定的工业场景开发专门的工业App，利用人工智能技术为现有的生产过程赋能，为用户提供定制的智能化工业应用与解决方案。具体来看，人工智能在应用层的四大应用如图17-6所示。

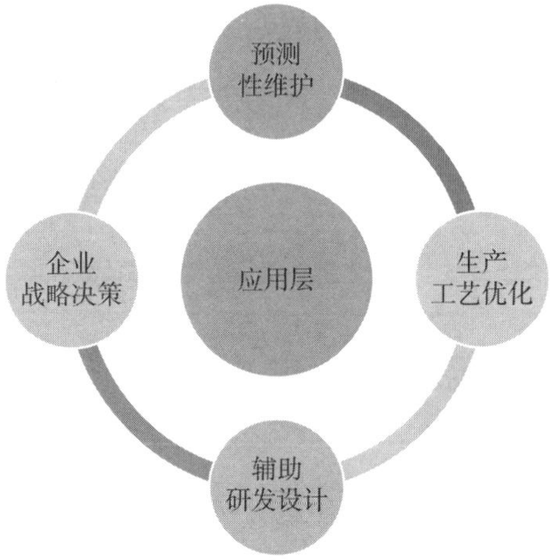

图17-6　人工智能在应用层的四大应用

（1）预测性维护。开发者可以利用机器学习对设备运行的非线性关系进行拟合，提高故障预测的准确率，降低设备运维成本。例如，德国KONUX公司利用智能传感器及机器学习算法构建设备运行模型，将设备维护成本降低了30%左右。

（2）生产工艺优化。开发者可以利用深度学习技术对数据隐藏特征之间的抽象关系进行挖掘，建立模型，对各个参数进行组合，以达到最佳效果。例如，格创东智科技公司利用机器学习算法对液晶面板成膜过程中的关键指标进行预测，使面板质量得到大幅提升，大大提升了企业收益。

（3）辅助研发设计。开发者可以利用知识图谱、深度学习等技术创建设计方案库，对设计方案进行评估。例如，美国联合技术公司利用知识图谱为产品研发提供解决方案，将换热器的传热效率提高了80%。

（4）企业战略决策。开发者利用人工智能对工业场景中的非线性复杂关系进行拟合，提取高价值的非结构化数据，利用这些数据构建知识图谱与专家系统，帮助企业制订合理的战略方案。例如，美国Maana公司通过对石油与天然气行业的知识图谱、数据科学等进行集成应用，为通用电气等知名企业的决策提供了支持。

AI工业互联网的应用场景

人工智能在工业互联网领域的应用场景非常多，按照不同的标准可以划分为不同的类型，下面就从产业分工协作、业务应用、应用场所和资源要素三个角度对工业互联网应用场景的分类进行探讨。

◆产业分工协作

根据产业分工协作可以将工业互联网的应用场景分为三大类，分别是设备与产品管理、业务与运营优化、社会化资源协作，如表17-1所示。

表 17-1　以产业分工协作为标准的工业互联网应用场景分类

应用场景分类	具体应用
设备与产品管理	状态监测与报警、预测性维护、远程运维管理、故障诊断和产品全生命周期管理
业务与运营优化	生产制造优化、能源管理、研发设计优化、供应链优化、资源调度优化、质量管理、安全管理等
社会化资源协作	按需定制、协同制造、分享制造、产融合作和协同研发设计

◆业务应用

根据业务应用可以将工业互联网的应用场景分为六大类，分别是智能机器、预测性维护、智能运营、工业知识图谱、产业链金融和工业企业软件AI化，如表17-2所示。

表 17-2　以业务应用为标准的工业互联网应用场景分类

应用场景分类	具体应用
智能机器	可以实现自动化生产与无人化操作
预测性维护	利用深度学习与数据挖掘技术建立动态的机器健康模型，包括故障诊断模型、异常报警模型和寿命预测模型等，对设备故障进行预测
智能运营	利用人工智能技术对制造业的工业流程进行优化，实现智能化决策
工业知识图谱	以结构化的形式对工业领域的设计、仿真、工业、维修等概念进行描述，将工业知识转化为机器可以理解的语言
产业链金融	通过采集设备运行数据，利用机器训练模型，通过金融融合创新打造一种全新的商业模式
工业企业软件AI化	推动传统工业企业的客户关系管理、企业资源计划和制造执行系统等实现智能化升级

◆应用场所和资源要素

根据应用场所和资源要素可以将工业互联网的应用场景划分为四大类，分别是工厂环境、外场环境、机队环境和基础设施环境，如表17-3所示。

表 17–3　以应用场所和资源要素为标准的工业互联网应用场景分类

应用场景分类	具体应用
工厂环境	人工智能应用侧重于提高生产效率与质量，降低生产成本
外场环境	人工智能应用侧重于对设备的运行状态进行监测，促使各类资源实现优化配置
机队环境	人工智能应用侧重于对各项任务进行动态调整，促使各项业务实现协同优化，从而降低设备运维成本，提高资源利用率
基础设施环境	人工智能的应用侧重于提高能效，让基础设施连续稳定运行，实现无人值守

工业互联网一方面为人工智能技术提供了应用场景，另一方面为人工智能技术的应用提出了新的挑战。从本质上看，工业互联网智能化就是通过从多个维度采集工业数据，消除复杂系统的不确定性，提高各类资源配置效率，对产品整个生命周期进行优化控制。具体来看，工业互联网智能化可以划分为三个层面，分别是算力层面、算据层面和算法层面。

从算力层面看，工业互联网智能化需要对海量数据进行并行计算，传统的CPU架构无法满足这一要求。加之工业互联网需求呈现出分散化、场景化、终端化的特点，对云端以及云侧算力的部署提供了更加多元化的需求。

从算据层面看，工业互联网智能化面临着很多数据方面的问题，如高价值的数据较少、数据采集不规范、数据碎片化、数据维度不全、数据标记严重依赖人工等。除此之外，工业互联网智能化对“小数据、大任务”的探索仍然需要不断深入。

从算法层面看，人工智能算法还没有形成严谨的逻辑性，实现过程存在极大的随机性，无法实现跨领域的知识迁移；在互联网智能化的起步阶段，人工智能应用无法获得足够的数据对模型进行训练，“冷启动”问题亟待解决；在关键应用场景方面，人工智能算法与模型需要不断提升精确度，构建安全边界；在工业场景中，人工智能算法的更新要防止系统中断，保证系统可以稳定运行。

AI工业互联网重构企业生产模式

2020年的《政府工作报告》明确提出要“推动制造业升级和新兴产业发展”“发展工业互联网，推进智能制造”。就目前的情况看，工业互联网发展处在一个极好的市场环境中，人工智能、大数据、云计算、5G等都为其奠定了良好的基础。尤其是AI与工业互联网的融合，必将颠覆企业原有的生产模式，重塑企业生产的各个环节。

◆工业互联网是我国制造业转型的必然选择

根据迈克尔·波特（Michael Porter）的国家竞争力发展理论，国家经济的发展可以划分为四个阶段，分别是生产要素导向发展阶段、投资导向发展阶段、创新导向发展阶段和富裕导向发展阶段。

目前，我国经济已经度过前两个阶段（生产要素导向发展阶段和投资导向发展阶段），正在向创新导向发展阶段迈进。前两个阶段注重劳动力投入和资金投入，第三个阶段强调技术驱动，因此，进入这一发展阶段之后，我国制造业将开启新一轮快速发展，催生更多新产品、新技术，同时产品附加值也会大幅增长。

现阶段，受新冠肺炎疫情等因素的影响，外部市场环境进一步趋紧，制造企业已经深刻认识到引入人工智能、5G、工业互联网等新型基础设施开展智能化转型、数字化转型的重要性。例如，一些企业开始尝试借助智能化软件与设备开展远程办公、非现场管理，尝试将协同生产、智能调度应用到企业生产中去。

从短期看，这是疫情影响下企业复工复产的无奈之举，但从长远看，企业通过不断探索，积极引入新技术、新方法，将找到一条更加适应外界环境变化的新路径，满足自身可持续发展的需求。

◆工业知识、工业数据和AI的深度融合

纵观世界工业的发展，在历经蒸汽机时代、电气化时代、自动化时代的飞跃式发展之后，工业体系的门类已经十分齐全，相关工业知识的积累也逐渐完善。

但仅凭借建立在经验和机理基础上的工业知识，工业企业很难进一步提高生产效率与产品质量，难以应对日渐复杂的高端制造，更无法满足客户越发多元化的产品需求。从生态环境层面来看，近年来，工业生产造成的环境问题也越发严重，环境可持续发展的诉求无法得到满足。

值得庆幸的是，随着计算机大规模算力水平的不断提升，人工智能算法取得了重大突破，人工智能已经逐渐应用于各行各业，而且在一些行业取得了重大成果。对这些人工智能成功落地应用的案例进行总结，可以推动行业数据、工业知识与人工智能的深度融合。

机理解决定性问题，数据与人工智能解决定量问题，通过行业数据、工业知识与人工智能的深度融合可以突破传统机理的极限，让企业获得更大的价值。在此趋势下，进入人工智能时代之后，整个工业领域将迎来新一轮的产业升级。

◆以AI为抓手共建数字经济基础设施

受新冠肺炎疫情影响，为了尽快复工复产，拉动经济增长，国家发改委明确提出要进一步加强新型基础设施建设，并将“以人工智能、云计

算、区块链等为代表的新技术基础设施”纳入信息基础设施。因此，在政策驱动下，大数据、人工智能、5G等新技术将迈进一个全新的发展阶段。

在推动产业变革方面，AI表现出了极强的“头雁效应”，凭借与生俱来的基础性、外部性、公共性等特征，为各个行业赋能，逐渐基础化、底层化，成为数字经济时代最重要的基础设施。

例如，在抗击新冠肺炎疫情过程中，人工智能在疫情监测、人员调控、物力资源、药品研发、医疗救治等众多领域发挥了非常重要的基础性作用。在个别医院，智能机器人走上抗疫一线，为隔离区的医生、护士、患者递送物品和药品，在前台导医导诊，减轻医护人员的工作负担。

◆ AI工业互联网将重塑企业生产模式

目前，越来越多的工业企业已经认识到数字化转型的重要性，并开始积极探索数字化转型方案。企业依托数字化设备和流程进行决策，不仅可以改善工作方法，优化工作流程，促使部门之间、区域之间实现更好的协同，而且可以切实提高生产效率，改进产品质量。

在此趋势下，将有越来越多的工业企业引入人工智能，让人工智能融入企业生产的各个环节，推动人工智能在生产系统实现普及应用，推动工厂的生产模式、人员配置、部门协同不断升级。

人工智能在关键生产环节的应用将切实提高生产质量，为企业带来更多收益；通过打通企业上下游数据，对这些数据进行集成处理，可以准确获取客户实时变化的产品需求；以数字化、智能化研发平台为基础，产品上市周期将持续缩短。总而言之，随着人工智能在工业领域持续深入应用，未来企业的生产模式将发生质的改变。

第十八章
AI在工业互联网安全领域的应用

工业互联网面临的安全风险

为了满足企业数字化、网络化、智能化转型需求，在政府的鼓励下，企业开始积极推进工业互联网平台建设。工业互联网平台以云平台的海量数据采集、汇聚、分析和服务体系为依托，让各类制造资源实现泛在连接、弹性供给，切实提高了资源配置效率。

一方面，工业互联网平台承担着业务交互、数据汇聚的重要职能，与工业控制系统及设备相连，对企业的生产经营活动有着直接影响。因为构成复杂、开放程度比较高且包含大量异构性数据，所以面临的安全风险大，一旦遭到攻击就会导致生产活动陷入停滞状态，对单个企业乃至整个产业的生态都会造成影响，甚至可能威胁到整个国民经济的发展。因此，在制造强国、网络强国建设过程中，保证工业互联网的安全非常重要。

另一方面，工业互联网平台具有多重身份，既是工业互联网应用生态的基础，又是设计、制造、销售、物流、服务等环节开展协同制造的“纽带”，还承担着海量的工业数据采集、汇聚、分析等任务，可以让设备、软件、产品、工厂、人等要素实现有效连接。

因此，在工业互联网建设过程中，保证工业互联网平台的安全就是保证工业数据、工业系统设备等的安全。但因为工业互联网平台所处的地位过于特殊，所以其面临的安全风险更多，更需要提高平台的安全保障能力。

◆工业互联网面临的安全风险

工业互联网面临的安全风险主要来自四个方面，如图18–1所示。

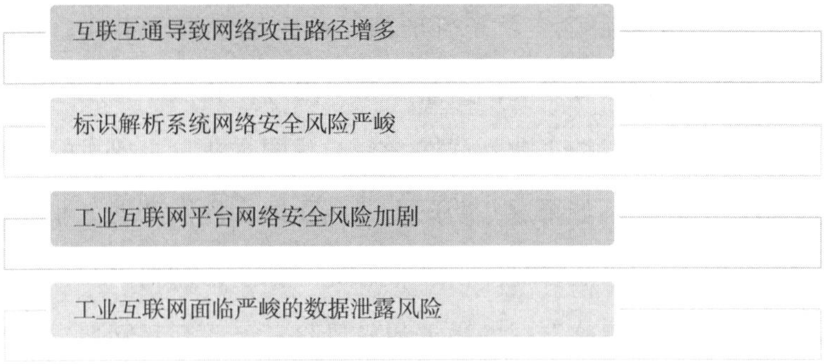

图18–1　工业互联网面临的四大安全风险

（1）互联互通导致网络攻击路径增多。在工业互联网中，所有生产要素、产业链各个主体乃至全生命周期的各个环节都可以相互连接，创造了一个开放程度极高的生产环境，但联网设备与组件越来越多，导致攻击者可以从研发、生产、管理、服务等任意一个环节对工业互联网进行攻击。

另外，工业互联网的底层工业控制网络安全防护体系比较薄弱、安全认证机制不健全、访问控制手段不完善，非常容易导致其成为主要攻击点。一旦攻击者突破这层防护，极易对整个网络进行攻击。

（2）标识解析系统网络安全风险严峻。工业互联网标识解析系统是支撑整个网络互联互通的“神经枢纽”，其地位相当于互联网中的域名系统。目前，关于工业互联网标识解析系统，国际上有很多解决方案，如Handle、OID等，但这些方案都不太成熟，安全性不够理想。因此，在工业互联网标识解析系统搭建的过程中，开发者要考虑制定相应的安全措施，衡量整体架构的安全性，让该系统与DNS系统实现互联互通的同时预防缓存感染、系统劫持等网络攻击。

（3）工业互联网平台网络安全风险加剧。工业互联网平台一旦受到网络攻击，就可能导致整个生产系统崩溃，甚至出现生产事故，使企业安全、行业安全乃至国家安全受到严重威胁。另外，相较于通用电气、西门子等大型跨国企业研发的工业互联网平台，我国企业自主研发的工业互联网平台综合实力较弱。如果这些跨国企业在我国大规模部署工业互联网平台，可能给我国的工业互联网行业带来比较严重的安全风险。

（4）工业互联网面临严峻的数据泄露风险。工业互联网拥有的数据类型比较复杂，数据保护需求多种多样，数据流动方向和路径各不相同，各类数据在云平台、用户端、生产端等设施上分布广泛，仅凭借单点、离散的数据保护措施，数据安全无法得到有效保护。而且工业互联网承载着一些非常重要的工业数据，事关企业安全、行业安全乃至国家安全，这些数据一旦被窃取或泄露，将造成不可估量的损失。

◆ AI在安全领域的应用日渐成熟

（1）AI在安全领域应用的学术研究持续火热。近几年，在AI、网络安全领域的顶级学术会议上，专家们频频发表以AI助力网络安全的相关论文，其中论文发表频次最多、最具代表性的学术会议包括IJCAI、USENIX Security、CCS等。CCS与USENIX Security、NDSS、S&P一起被称为网络信息安全四大顶级会议。

从2017年开始，CCS连续3年开设了关于AI安全的主题论坛，引发了学术界对AI相关的网络安全前沿技术展开了广泛而深入的讨论与交流。2017年2月17日，第26届RSA全球信息安全大会在美国旧金山隆重召开。

在此次大会上，国内外专家展开了一项十分有意义的讨论，即如何看待AI应用于下一代抗病毒领域。不仅如此，针对这一领域，麻省理工学院、宾夕法尼亚大学等多个大学实验室已经开展了相关研究。

（2）产业格局正在形成，科技企业纷纷布局。各国科技企业在产业界积极布局，并越来越重视AI安全。其中，IBM、谷歌、亚马逊等科技巨头基于自身长期积累的技术经验，通过AI技术分析安全隐患，并利用多源警报机制进行自动化快速检测和响应，排除了内部网络的潜在风险，实现了对内部网络的自动化安全管理。

国内企业对AI在网络安全领域的应用也十分出彩。BAT、360等互联网企业凭借自身的技术优势和产品特点，利用AI算法进行风险预测和安全鉴定，不仅阻止了恶意软件窃取技术和隐私，还减少了0Day漏洞[①]造成的破坏和损失，同时也成功地把AI变成了网络安全的“守护神”。此外，瀚思科技、青莲云等安全初创公司也不甘落后，这些年轻的企业借助行为分析与深度学习算法为企业内部的网络安全提供了自动化检测。

① 0Day漏洞：0day中的0表示zero，早期的0day表示在软件发行后的24小时内就出现破解版本，现在引申为只要是在软件或者其他东西发布后，在最短时间内出现相关破解的，都可以叫0day。

AI赋能工业互联网安全

在数字化时代，数据量不断增长，计算能力不断提升，深度学习算法不断优化。在这种背景下，AI技术进入了跨越式发展期。目前，将AI应用于工业互联网安全领域是大势所趋。在与工业互联网融合应用的过程中，AI技术的优势可以被充分发挥，一些利用传统方式难以解决的问题也可以获得更为妥善的处理。

◆ AI助力工业互联网未知威胁检测

要实现对工业互联网的安全管理，就需要解决相应的网络安全威胁。网络安全威胁通常是不确定、不可知的，因此，利用传统的特征匹配方法很难解决相应的安全问题。但AI技术却能完美地解决这些问题，因为AI技术可以在不明信息的情况下检测和处理网络未知威胁，不需要先验知识就能处理不确定信息，且对未知威胁的检测能力较强。

◆ AI具备强大的自学习能力

AI具备学习能力，可以通过学习不断提升自身的知识水平，这种学习能力也是其最大的优势。在应对网络安全时，传统的方法要完成相关任务，不仅需要人工硬编码定义，还需要提取恶意行为的特征。但是，工业互联网数据复杂且多样，人们利用传统技术手段很难及时更新模式匹配库。而AI借助其强大的学习能力，不仅能提高网络安全检测、预测、防范的自动化和智能化水平，还能大幅提升系统响应速度和风险判定准确率。

◆ AI具备快速反应及精准识别的能力

在工业互联网领域中，安全大数据的统计分析和规律抽取等工作是人力难以完成的，而AI在这些工作上具有天然优势。企业借助AI可以及时、预防和识别网络威胁，例如它能通过应急响应系统迅速对网络威胁进行识别、响应和反制，不仅能大大提升风险防范的预见性，还能大幅提升风险识别的准确性。

引进AI技术应对网络安全威胁的好处不胜枚举，一方面，它能简化网络安全防范的相关流程，减少人工参与；另一方面，它也能降低成本，减少网络威胁和人工参与给企业造成的损失。在工业互联网异常行为检测方面，AI可以实现模糊识别和匹配，大大提高工业互联网的安全防范水平。

AI在工业互联网安全中的应用

企业利用AI可以在态势感知、威胁分析、主动防御、策略生成、攻防对抗等多个方面为工业互联网安全实现赋能。例如，AI可以利用人工神经网络技术对恶意代码入侵等风险进行检测和识别，并生成攻防对抗策略，同时也可以利用专家系统技术管理安全运行中心进行安全规划。具体来看，在维护工业互联网安全方面，AI可以从三个方面发挥作用，如图18–2所示。

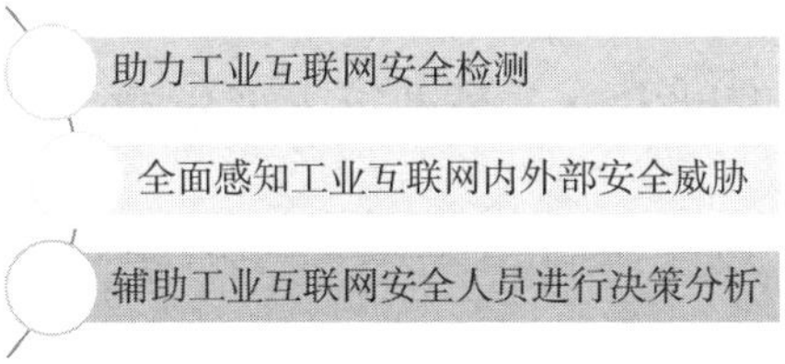

图 18–2　AI 在工业互联网安全中的三大应用

◆助力工业互联网安全检测

工业企业需要以机器学习和深度学习算法为基础，借助AI技术打造安全检测引擎。这种安全检测引擎不仅能处理海量的工业互联网数据，还能更好地处理模糊、非线性的数据。在检测、识别网络安全威胁的过程中，AI安全检测引擎可以对不同的数据进行聚合、分类和序列化，一方面可以提升安全检测的效率和精准度，另一方面也能提高安全检测的自动化和智能化水平。

AI安全检测引擎在网络入侵检测和恶意软件防御方面也具有出色表现，如它能通过收集、筛选、处理网络流量等数据，实时检测DDoS[①]、僵尸网络、异常网络行为等安全威胁，自动为用户提供安全检测结果；也能通过AI技术寻找和识别恶意代码、恶意软件的特征，预测恶意代码、恶意软件的进化方向，提前做好安全防御工作。

◆全面感知工业互联网内外部安全威胁

工业企业也要构建工业互联网安全威胁态势感知体系。要构建这样的智能化体系，就需要对大量工业互联网安全数据进行分析和处理，其中既要有关联性的分析，也要有融合性的处理，而用于分析和处理数据的主要技术手段包括数据挖掘、智能分析、数据融合、可视化等。

在工业互联网安全威胁态势感知体系的支持下，企业可根据大量安全风险数据综合分析网络安全态势和安全要素，评估网络安全状况，同时通过可视化技术对网络安全态势进行预测和呈现。

◆辅助工业互联网安全人员进行决策分析

在工业互联网时代，网络环境趋于复杂化，攻击手段趋于隐蔽化，

① DDoS：一般指分布式拒绝服务攻击，它可以使很多计算机在同一时间遭受到攻击，使攻击的目标无法正常使用。

安全运维趋于困难化。这样的趋势为工业互联网领域的安全分析人员带来了巨大的挑战，如数据处理能力不足以支撑大规模数据的处理，或者无法及时响应众多的攻击警报等。而借助AI技术和智能算法对数据进行处理，能减轻安全分析人员的工作压力，帮助他们做出正确的决策判断。

AI赋能工业互联网安全面临的挑战

◆ AI会带来“双刃剑效应”

（1）AI可能会被不法人员当作武器用于网络攻击。AI具有两种强大的能力：自我学习能力和自组织能力。基于这两种强大的能力，不法分子可能借助AI自动瞄准目标，发动网络攻击，更重要的是，这种方式不仅能计算出目标的攻陷率，还能提高网络攻击的效率。

例如，莫斯科研究人员曾利用AI算法生成一张可怕的“万能图片”，这种图片可以干扰手机、门禁和支付软件上的人脸识别系统，使Face ID出现错误。

（2）滥用AI可能会威胁个人隐私。毫无疑问，企业通过AI技术可以大大增强自身的信息采集和数据挖掘能力。但同时，AI技术的应用也会加大隐私泄露风险，如它可能使匿名化数据显现人名，从而泄露用户个人信息。

例如，剑桥分析公司曾利用AI技术手段获取了大量美国公民的信息，并利用这些信息数据进行政治宣传和非法牟利活动。

（3）AI在决策失误时可能威胁人身安全。AI系统在遭受网络攻击或出现感知、认知偏差时，可能会因为判断失误采取错误行动，从而威胁人身安全。

例如，我国在2016年举办的高新技术成果交易会上就曾出现过机器人伤人事件，当时一个机器人因决策系统故障不断撞击展台，致使一人受伤。

◆AI技术应用环境的依赖性较强

AI技术对应用场景的要求非常高，这也是其导致工业互联网安全场景落地困难的主要原因。AI的应用对数据获取、设备配套、网络通信速度等多方面都有要求，其发挥作用的先决条件在于必须具备一定的数据、算法和算力。

目前，我国的网络基础设施还比较薄弱，要使AI大规模应用于工业互联网安全领域比较困难，不过，AI的应用环境会随着5G通信的应用和物联网的发展逐渐得到改善。

◆现有应用对数据价值挖掘不充分

现阶段，我国AI技术持续加速发展，但是，AI支撑的产品还需要进一步提高应用能力。另外，在工业互联网背景下，我国工业企业的各项数据还没有实现全面联网，同时存在数据分散、数据不规范等诸多难题。

企业要积极筹建智能化、数字化的数据收集和分析模型，助力AI赋能工业互联网安全。目前，我国的工业互联网企业尚处于初期发展阶段，在推进AI应用方面还存在着诸多挑战，如图18–3所示。

图 18-3　AI 在工业互联网安全领域应用面临的四大挑战

第七部分
工业区块链

第十九章

工业区块链：引领数字化新浪潮

区块链：构建数字经济新空间

新冠肺炎疫情过后，人们的生产、生活必将发生深刻变化，无论人还是企业都将向着数字化方向不断发展。而在区块链基础上建立起来的工业互联网基础设施，将为企业以及所在行业构建一个数字经济新空间，为企业的数字化转型提供强有力的支持。

随着新一代信息技术广泛应用于制造业，在科技革命与新工业革命交汇的背景下，工业互联网将成为第四次工业革命的重要基石。现阶段，整个工业及泛工业生产领域必须解决四大问题，即快速感知、敏捷响应、动态优化、全局智能。因此，工业互联网不仅会颠覆其原有的生产方式与管理模式，还将使整个生态体系发生变革。

近几年，工业互联网发展速度越来越快，相关政策体系不断完善，并初步建立了产业体系，形成了六大核心领域，分别是网络、平台、安全、智能装备、工业自动化及边缘计算、工业软件与App，整个产业呈现出稳步增长态势，如图19-1所示。

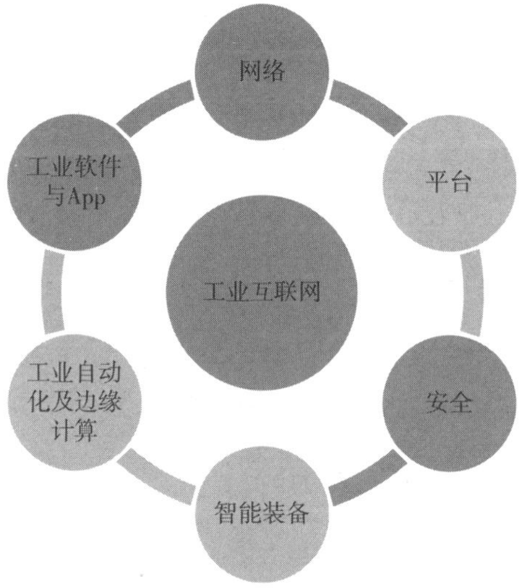

图 19-1 工业互联网的六大核心领域

其中，工业互联网标识解析体系作为工业互联网网络体系的重要组成部分，其相关软硬件体系不断完善，基础设施建设规模初显，龙头企业在行业应用的探索不断深入。截至2018年底，北京、上海、广州、重庆、武汉五大工业互联网标识解析国家顶级节点已全部上线试运行，并实现了相互联通；到2019年11月，我国工业互联网标识注册数量超过了4亿，国家顶级节点日均解析量达到了 100万次；而到2020年2月，二级节点部署47个，覆盖的行业数量达到了20多个。目前，工业互联网标识已经落地应用，应用场景众多，如供应链管理、产品追溯、全生命周期管理等。

区块链技术打造了一个更有序、更高效的万物互联的世界。当前，联盟链或者基于许可的公链的应用范围越来越广，资产的数字化能力不断提升，在5G的影响下，终端连接能力越来越强，这些都对区块链技术的落地应用产生了积极的推动作用。

未来，区块链技术将与5G、工业互联网、数字货币、数字身份等数字经济领域的新型基础设施相融合，成为数字经济领域的“共性技术”，推动数字经济不断发展。

现阶段，接入工业互联网的设备越来越多，端到端的连接与交易越发频繁，产业链上下游的数据都要接入区块链，实现核心企业生态内共享、工业企业间互信共享、工业互联网平台间价值共享，利用区块链技术解决工业网络化生产推进过程中遇到的各种难题，如生产协同、工业安全、信息共享、资源融合、柔性监管等。

区块链的技术特点与应用价值

区块链涵盖了多种新型计算机技术，包括分布式数据存储、点对点传输、加密算法、共识机制等。

从狭义上来讲，区块链是一种去中心化的共享数据库，按照时间顺序，以链条的方式将数据区块组合在一起形成特定的数据结构，借助密码学保证数据不可篡改、不可伪造，可以存储一些简单的、有先后关系的、可以在系统内验证的数据，保证数据安全。

从广义上来讲，区块链是利用加密链式区块结构对数据进行验证、存储；利用分布式节点共识算法生成数据，对数据进行更新；利用自动化脚本代码和操作数据的一种去中心化的基础架构与分布式计算范式。

总体来看，区块链具有去中心化、不可篡改、可溯源三大特性，如图19-2所示。基于这些特性，区块链技术可以在工业互联网领域发挥出极大的作用。

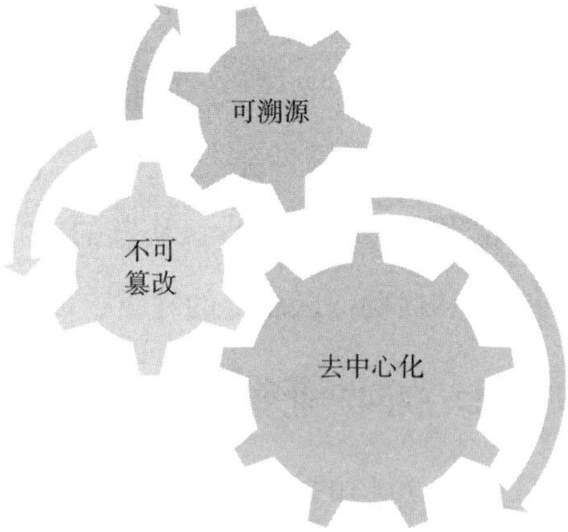

图 19-2 区块链的三大特性

• 去中心化：区块链网络中分布着很多节点，各节点之间可以自由连接，在不经由第三方中心机构的情况下对数据、资产、信息等进行交换。

• 不可篡改：区块链利用密码学技术（哈希函数、非对称加密等）保证链上数据安全，防止数据被篡改。

• 可溯源：区块链保存了从第一个区块开始的所有数据，连接形式是后一个区块拥有前一个区块的相关信息，区块链上的所有记录都可以通过链式结构溯源。

◆加速工业互联网应用开发与落地

具体来说，就是利用区块链技术存储数据，以其链式存储结构确保数据不可篡改，以其分布式共识算法保证数据主权，以其加密系统保障用户隐私安全。

要利用区块链技术构建新型分布式技术架构，打造新一代信息基础设施，就需要将研究的重点集中于以下领域：一是“区块链+行业”的赋能；二是联盟链的关键技术及应用；三是区块链的监管技术与标准。

这就意味着企业既要加强对高性能、高安全、高可用的区块链的研究，也要加强对高隐私需求、高可扩展性区块链的研究，同时还要加强对区块链监管技术的研究，从而确保区块链的健康、可持续发展。

◆区块链引领未来互联网产业变革

区块链的规则是透明、可信的，它的块链式数据结构具有难以伪造、不能篡改和可追溯等特点，任意两个参与者之间的交易都能通过它来予以记录和追溯。

区块链技术能够自信任和高度自治，具有共享开放的特点，它可以在统一的规则下使单位和个人通过自治来提高彼此的协作效率，这也是其核心价值所在。有了区块链技术，互联网底层逻辑将会产生巨大变革，未来的互联网可能实现从“以通信为核心”转变为“以计算存储为核心”，这也是未来信息技术基础设施的特点。

◆全新的基础架构与分布式计算范式

区块链技术是一种集成技术，其核心技术包括分布式计算、非对称加密、数字签名、哈希指针、默克尔树等。这种集成技术汇聚了众多特性，如去中心、去信任、可追溯、交易透明、节点匿名、不可篡改等，而这些特性有助于它在存证、金融、供应链等领域发挥作用。然而，区块链技术也存在一些不足，如它的数据处理速度比较低、跨链协同比较困难、缺乏监管机制、数据安全性不足等。

未来，区块链与工业互联网的融合发展是大势所趋，两者实现融合发展的主要领域包括标识解析、协同制造、边云协同、供应链金融、行业创新应用等。

从本质上来看，工业互联网是通过物联网将客户、设备、产品、工厂、生产线、供应商等连接起来，实现生产全要素、全生产链、全供应链、全产业链的互联互通，使工业领域的各个单元可以进行跨设备、跨系统、跨厂区、跨地区的自由交流。而区块链技术则是一种全新的基础架构与分布式计算范式，凭借其多中心、可溯源、数据不可篡改等特性在工业互联网领域实现广泛应用。

实际上，区块链技术在工业互联网领域的应用，主要集中在四大领域，即工业安全、提升制造效率、服务型制造升级、共享与监管科技，如表19-1所示。

表 19-1　区块链技术在工业互联网领域应用的四大领域

应用领域	具体应用
工业安全	在工业互联网背景下，工业领域中大量的设备、员工、物体等都要实现交互，这就需要区块链技术解决工业设备的注册管理、身份识别、访问控制、状态监控等问题，确保工业体系的安全。例如，一个人或一个设备在表明身份的时候，需要利用区块链技术验证其是否可信和安全
提升制造效率	目前，工业生产正在向着“云化”生产、网络化生产演变，因此，许多产品的加工已经不仅限于同一条流水线上，生产流程被细化成若干单元，每个单元都能交由更加专业的公司独立负责。通过可靠、安全的区块链技术建立新型分布式工业流程体系，将各个单元的生产交由多家公司共同完成，这不仅能提高工业制造的生产效率，还能提升供应链系统的协同效率
服务型制造升级	随着个性化需求的日益增加，工业制造也走上了个性化生产的道路。所谓个性化生产，实则是一种按需定制的生产方式，这种生产方式的更新换代标志着工业生产正在向着服务型制造升级。未来，制造企业在生产、销售时，不仅会卖硬件产品，还会提供多种服务，如融资租赁、二手交易、供应链金融、工业品回收等，这也是工业制造向服务型制造升级的表现
共享与监管科技	网络化生产、大协作生产都需要柔性监管。在产业生态内，可以利用区块链技术为多个参与方创造一个协作平台。在这个协作平台上，各个参与企业可以一边保留自己的隐私和知识专利，一边共享流程、规则和数据

经济学视角下的工业区块链

如果将传统经济看作是一维经济，那么基于区块链技术的经济就是高维经济，或者说是超维经济。新商业体系如果以区块链为基础，则很可能会变成一个向量，区块链体系完全不符合过去的经济学原理，它的数学模型是相当复杂的。

在未来工业体系中，由于区块链和高维经济体的出现，工业将会在不同层面中形成新的高维经济体，由于新的高维经济体处于不同的层面，所以它不仅仅是串行模式或并行模式，还有可能形成其他复杂模式。

如果从工业革命的角度来思考问题，区块链技术能为工业生产带来什么呢?

- 在第一次工业革命中，人类发明了蒸汽机，并用它取代了大量人力，从而极大地提高了生产力。
- 在第二次工业革命中，人类将电力用于生产，并尝试将一个复杂的生产过程分成若干个简单的生产工序。
- 在第三次工业革命中，流水线分工产生协作问题，只有所有环节都完美运行，生产才能顺利，如果生产系统内有一个人无法胜任自己的岗位，其他人再如何努力也难以弥补。

在工业3.0的规模化生产中，后端生产系统无法及时对外部市场的急剧变化做出响应，因此，以工业互联网为基础的工业4.0势在必行。

后端生产系统要想适应外部市场的急剧变化就要像积木一样进行快速、灵活的组合，这同时反映出工业4.0真正需要完成的任务，即要把工业生产分解成一个个生产单元，然后像拼积木一样将这些单元根据需要自由地组合在一起。

在“积木”的插槽之中，区块链技术可以起到“润滑剂”的作用，这也是区块链技术在工业生产和工业联网中起到的主要作用之一。凭借这一作用，区块链技术将会给工业制造带来巨大的影响。

将区块链技术应用于工业互联网不但有助于解决生产制造中出现的产量、效率、灵活性等关键问题，而且有助于提高企业竞争力、改善外部环境，同时还有助于改善和促进制造端和消费端。

在区块链技术的支持下，制造端和消费端的数据将更加真实可信，有利于企业生产经营活动的衔接，其既能够证明企业的生产能力和销售能力，又能够提升政府、金融机构、合作伙伴和消费者对企业的信任度。企业借助区块链技术加持的数据可以更好地满足消费者的需求，增强消费者对产品的信心，从而化解“市场的冰山”。

由于区块链技术可以确保企业生产、销售等数据的真实有效性，所以，它能为企业向银行一类的金融机构提供贷款证明，帮助企业跨越“融资的高山”。不仅如此，区块链技术还能帮助企业提升竞争力和改善外部环境，帮助企业穿过“转型的火山”。

工业区块链是一个智能合约平台，面向的是整个工业制造行业，会为相关企业提供底层协议的完整实现、配套工具、API 接口集等。区块链技术具有去中心化、安全性、匿名性等优势，可以帮助制造企业对企业价值流转与信息流转方式进行创新。

工业区块链可以对企业的业务流进行抽象处理，将其打造成智能合约范式，降低制造商进入区块链网络的门槛，为企业资源、信息的流转提供便利。

工业区块链也可以采用母子双链模式，即主链和子链，面向工业制造领域的不同生产环节使用不同的方案，做到性能与可靠性兼顾。工业区块链的基础架构可以分为五个层次，分别是应用层、接口层、合约层、基础服务层和网络层。企业接入区块链，用区块链技术对整个供应链系统进行重构，并以此为基础催生诸多应用，如共享工厂、去中心化电商平台、价值生命周期管理系统等。

◆一键重复定制

在互联网时代，制造业的生产模式将发生改变，开始满足消费者的碎片化需求，推行大规模定制化生产。在此形势下，制造业将不断地向生产性服务业发展演变。而工业区块链主张改变传统的复制化生产，满足消费者的个性化需求，为企业提供便捷的合约范式，让每一次重复都能爆发出巨大的价值。

◆价值全生命周期管理

以分布式智能生产网络为依托形成的分布式制造，以用户创造内容为代表，让个体参与到制造过程中，进入产品全生命周期，颠覆传统的制造模式，为生产企业带来诸多益处。

在产品开发方面，产品设计与制造从以生产商为主导逐渐演变为以消费者为主导，支持消费者参与产品设计与制造，借助庞大的分布式网络不断对产品进行完善，让产品可以更好地适应市场需求，获得更多利润。

在产品创新方面，新模式让产品创新边界不断延伸。一般情况下，受成本影响，产品研发与创新无法紧密衔接。在新模式下，产品研发初始阶段的成本大幅下降，产学研实现了紧密结合。另外，在分布式制造网络等社会资源的支持下，企业创新能力与研发实力得到大幅提升，创新边界获得无限延展。

◆无限交互的标准化与网络化

在区块链上，数据可以在任意两个节点间进行点对点传输，相关信息也可以实时交互，将研发、设计、生产、制造、销售等环节的数据打通。订单信息、事务历史记录等全部存储在区块链上，可以实现去中心化协作，数据不可篡改，产品可以溯源，更加安全便捷。交易流程在智能合约的操控下自动完成，效率得以大幅提升。

工业区块链将创造一个全新的扁平式、合作性的新工业市场，一个由海量节点组成的分布式网络将涵盖从设计到制造的所有环节，使产品生产成本大幅下降，推动制造业走向更加广阔的未来。

工业区块链助力新基建发展

作为一项颠覆性技术，区块链很有可能成为未来全球技术创新和模式创新的“新阵地”。

在区块链技术的支持下，“信息互联网”也将加速向“价值互联网”变迁。区块链技术对企业的核心价值主要体现在它能用来全面记录企业的生产、经营数据，并能将这些真实可信、不可篡改的数据转化成质量监督、产品销售、融资活动等的决策依据。

目前，我国区块链产业的发展还处于初级阶段，主要的应用领域包括金融、征信、供应链、产品溯源、版权交易、数字身份、电子证据等。区块链与工业互联网的深度融合有助于提高产业环境的诚信度，也有助于实体经济的降本增效，能够推动我国经济体系的技术变革、组织变革和效率变革。

◆区块链融合工业互联网的意义

区块链有两大技术优势：一是具有可信、可靠的协作能力；二是具有强大的隐私保护能力（见图19–3）。区块链在工业互联网领域具有广泛的应用前景，尤其是在数据的确权、确责、交易等领域颇受推崇，如果将其与工业互联网进行深度融合，能够为工业互联网数据资源管理和服务体系的构建夯实技术基础。

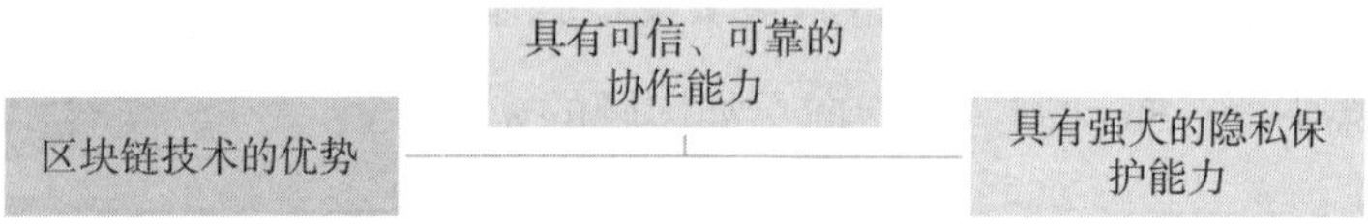

图19–3　区块链技术的两大优势

因此，无论是为了推动我国实体经济高质量发展，还是为了促进我国工业的数字化、网络化、智能化转型，我们都应该积极开展“工业互联网+区块链”的深度融合应用和创新发展研究。以区块链为代表的关键技术是构建制造强国和网络强国的有效手段，而要想使这些关键技术真正发挥作用，就需要将它们与工业互联网深度融合。

作为第四次工业革命的基石，工业互联网可以将人与人、人与机、机与机全面连接，实现全要素、全产业链、全价值链之间的全面贯通，并能构建起一种新型工业生产制造和服务体系，推动我国实体经济的全方位、深层次、革命性的发展。

目前，我国工业互联网研究的主要任务是借助区块链等关键技术打造国家级工业互联网大数据中心，建立健全基于工业互联网的数据资源管理和服务体系。

◆工业区块链助力新基建

要推动数字经济发展，新型基础设施建设是关键。未来，国家将进一步加大在新型基础设施建设领域的投入，为新兴制造业和服务业的发展起到积极的促进作用。区块链技术用于新型基础设施建设的两大优势如图 19–4 所示。

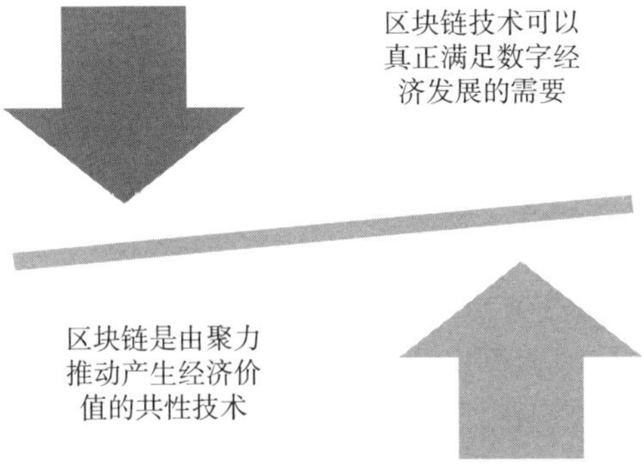

图 19–4　区块链技术用于新型基础设施建设的两大优势

（1）区块链技术可以真正满足数字经济发展的需要。基于区块链的新型基础设施将通过数字孪生进行数据确权、共享交易，使供给与需求达到平衡，降低边际成本，实现智能化运作，通过数据流动、机器交换实现价值链接，构建一个灵活、弹性的生成与供应模式。

（2）区块链是由聚力推动产生经济价值的共性技术。区块链技术借由分布式信任管理能力，对技术、行业、模式与产业赋能，与互联网便捷接入的应用服务能力、标识统一互通的身份识别能力、5G 广覆盖的通信连接能力、“智能 +”按需匹配的知识推导能力耦合。

区块链是我国从“制造大国”向“智造大国”转型发展的突破口，因此，在接下来的一段时间内，我们要将更多精力投放在区块链基础技术领域，以推动整个区块链行业实现更好的发展。

未来，基于区块链的新型基础设施将实现快速发展，为域名、标识、法币、电力、5G等其他新型基础设施赋能，为数字经济发展与网络强国建设产生积极的推动作用，对多方共治、公平可信、智能运作的数字经济新空间的构建产生积极的拉动作用。

第二十章

基于区块链技术的智能制造模式

区块链在工业互联网中的应用

◆物流系统

目前，在全球物流行业，各企业都有自己独立的数据库，但彼此的运行系统存在很大区别。如果引入区块链技术作为分布式的全球数据库，将具有三大优势，如图20–1所示。

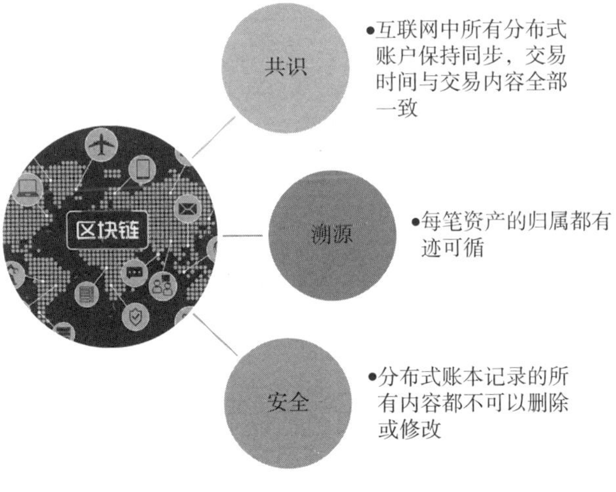

图 20–1　区块链作为分布式全球数据库的三大优势

基于上述三大优势，区块链在工业互联网物流系统中的应用，不仅可以使上下游企业互联互通，打破企业间的数据壁垒，而且可以弱化企业对第三方机构的依赖。基于联盟链建立的生产与物流贸易系统如图20–2所示。

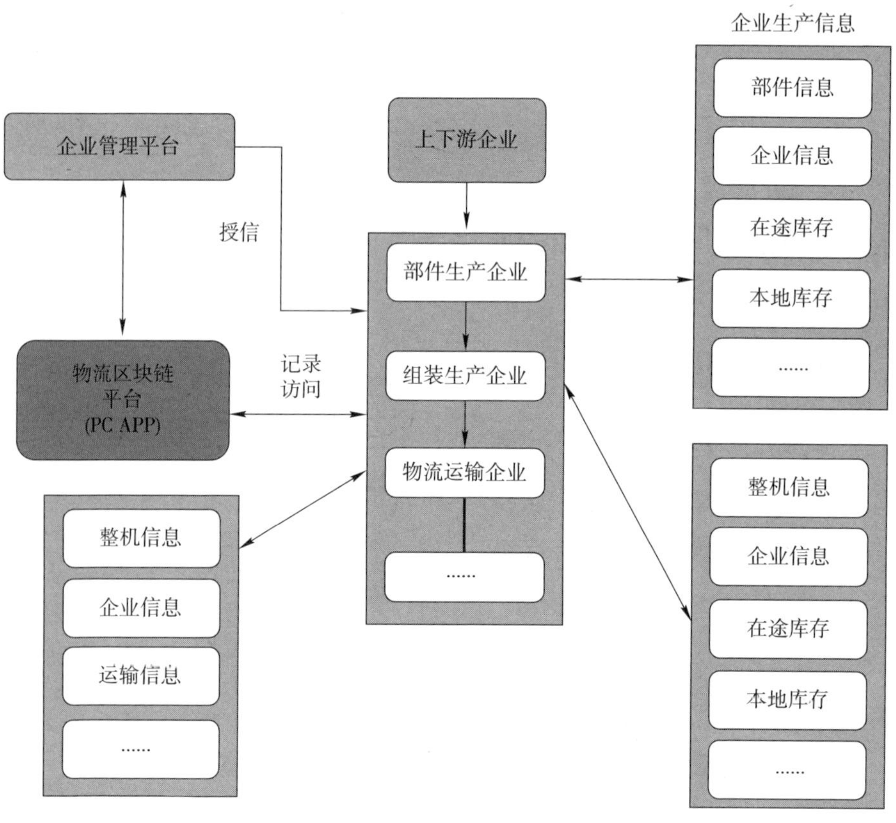

图20–2　基于联盟链建立的生产与物流贸易系统

◆过程、资金流系统

工业企业的基本运作流程主要包括以下环节：市场需求、技术设计、客户认可、项目采购、制造生产、技术检验、发货。

所有环节都有可能发生交易，利用区块链技术将这些环节串连在一起可以保证所有环节的操作安全可信、不可篡改。在此基础上，区块链技术可以切实做好质量管理，为交易资金流、物流的安全提供强有力的保障。

◆企业监管

在传统的信息化模式下，数字化文件在各个节点传递的过程中缺乏保护，可能会面临文件失窃或数据被篡改的风险。

以环保企业为例，目前，企业使用的是ERP或SFCS统计系统，系统内有一个中心服务器，由开发者控制。为了少缴纳排污费用，企业可能会篡改一些数据。为了防止这种情况发生，行业监管机构可以引导企业引入基于区块链的数据监测方法，防止数据被任意篡改，从而减少社会损失。

◆安全系统

在某些情况下，企业可能需要接入公共互联网，由此受到外部攻击。即便不接入外网，也有可能因为管理疏忽感染病毒，导致自身安全受到威胁。

引入区块链技术之后，工业互联网可以利用相关技术对工业数据进行分布式管理，避免单一节点遭受外部攻击给互联网造成巨大影响。同时借助阻止非授权实体识别、跟踪和访问的安全防护技术，可以为工业互联网的数据安全与网络安全提供强有力的保障。

基于工业区块链的新商业模式

如果将区块链技术引入工业互联网，不仅可以加速工业互联网的落地，还可以将工业云与区块链技术结合在一起搭建一个云链混合的、面向未来的分布式智能生产网络，帮助制造企业颠覆原有的商业模式，创造一种更加适应时代与市场的新商业模式。具体来看，基于工业区块链的新商业模式具有三大特点，如图20–3所示。

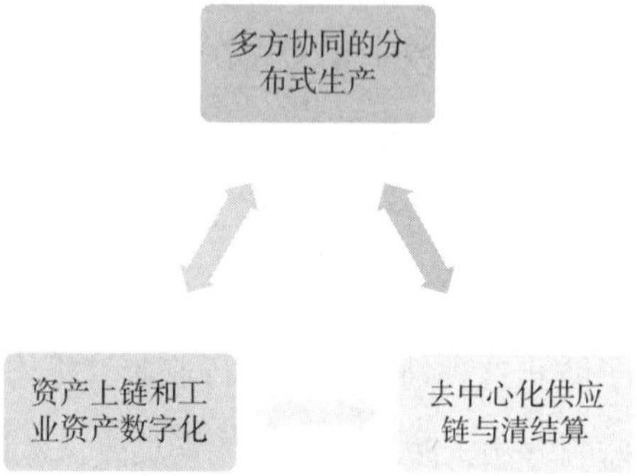

图 20–3　基于工业区块链的新商业模式的三大特点

◆多方协同的分布式生产

在工业4.0模式下，工业后端产业链会根据前端市场的变化进行快速的组合。如果说这一快速组合的过程是一个拼接“积木”的过程，那么区块链技术就是“积木”插槽中的“强力润滑剂”。

对企业来说，信用的价值是无法估量的。企业一旦失去信用，就会导致产业链无法运行。但是，获取信用的成本是非常高的，这也是很多企业的产业链难以运行的主要原因。在多方协同生产中，各方需要以信任为基础展开合作。

而区块链技术正是一种可以帮助企业提高信用的技术，它能够作为合作各方之间的“润滑剂”，促进协同生产的顺利进行。企业可以将中心化的工业云技术应用于制造单元内，从而提高生产效率，加快响应速度，降低生产能耗；同时也需要将区块链技术应用于生产数据的跨组织互信——利用块链式结构记录订单信息、操作信息和历史事务等，并进行分布式存储，确保数据的可追溯、不可篡改，从而实现对数据的安全、快捷管理。

要在工业应用中实现人、设备、车间、企业之间的互信互联，就需要确保生产全流程的真实可信，即数据连接、设备端生产、边缘侧计算、云端储存分析、设计生产运营等各个环节的真实可信。只有以真实可信的生产流程为基础，才能触发上层真实可信的工业互联网应用、数据交换、合规监管等。

要确保生产全流程的真实可信，就需要将区块链的智能合约技术应用到生产流程之中。区块链技术实际上是一种分布式记账数据库技术，利用这种技术不仅可以有效确保设备之间的自动协同，而且可以防止各个设备的作弊行为，总之，它能使设备之间相互信任，并自动进行安全、可靠的协作。

区块链技术可以确保工业数据的真实可信，因此，合作各方可以利用这种技术实现数据的可信共享、互惠互通。另外，企业也可以利用区块链的智能合约技术将合规监管机制接入整个生态系统，这样一来，合规监管机制就能对可信生产、交易数据实时进行合规性审查，从而监管整个工业行业的风险动态。

而基于区块链技术的合规监管机制所进行的审查和监管工作一定是云、链混合使用的结果，工业4.0要想组建数据互信也必须依托于这种生态网络。

◆去中心化供应链与清结算

智能合约能在智能生产网络中协助参与各方自动执行交易流程，并能把工业制造流程分解成如积木一般的工业组件。在这种机制下，后端生产系统能够针对外部市场的变化快速做出响应，同时，企业在重组产业链的过程中也能大大降低信任成本。

在供应链中，工业生产在清结算方面存在着一系列的问题，如欠账、三角债等，如果有一方供应商不支付款项，供应链的后方都无法收到对应资金。未来，人们可以通过智能合约来管理供应链中的清结算业务，从而解决这些常见问题。

目前，我国工业企业的信息化水平普遍较低，因此，这些工业企业的主要任务是结合数字化工厂技术，构建智能合约范式。这就意味着每个部分的生产制造都能交由不同的系统集成商进行开发。在智能合约范式的帮助下，一些工业企业即使信息化水平较低，也依然可以接入智能制造系统。

◆资产上链和工业资产数字化

如果工业企业能将区块链技术和数字化工厂技术相结合，那么这些企业就能够利用这种融合技术将自己的物理性工业资产转化成虚拟工业资产，并通过确权和流转实现工业资产的数字化。同时，工业企业也能利用这种融合技术为重资产制造企业开拓轻资产，并将大量的工业数据变成计算企业营收的会计组成。

工业区块链环境下的智能生产

工业互联网是工业系统与高级计算、分析、感应技术以及互联网相互融合的结果。工业互联网通过智能机器连接最终实现人机连接，并结合软件与大数据分析对全球工业体系进行重构，激发出新的生产力。

人类社会发展过程中出现过两次重大变革，一是工业革命，催生了机器、机组、工作站，使生产效率发生了巨大飞跃；二是网络革命，催生了计算、信息与通信系统等。工业互联网将对这两次重大变革的优势进行整合，爆发出更大的能量，充分展现工业互联网的三大精髓，具体如图20-4所示。

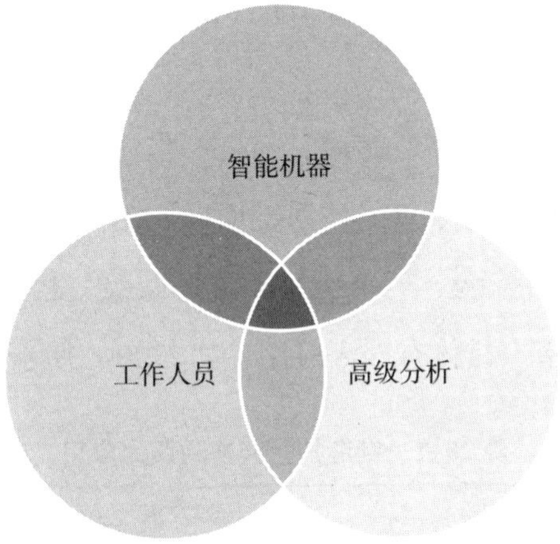

图20-4 工业互联网的三大精髓

• 智能机器：利用传感器、控制器和软件应用程序，借助新方法将现实世界中的机器、设备、团队、网络连接起来。

• 高级分析：借助基于物理的分析法、预测算法、自动化和材料科学，利用电气工程及其他关键学科的专业知识对机器与其他大型系统的运作方式进行解析。

• 工作人员：让员工之间建立实时连接，将各个场所的员工连接在一起，为智能化程度更高的设计、操作、维护及高质量的服务与安全保障提供支持，为企业发展提供新机遇。

以盈趣科技为例，该公司立足于以大数据、盈趣云架构为基础的UMS联合管理平台，对ERP、OA（Office Automation，办公自动化）、PLM、CRM、HR（Human Resources，人力资源）、WiKi（企业知识库）、固定资产管理等信息管理软件进行高效集成，自主研发生产自动化与信息化解决方案，满足传统制造业、战略性新兴产业的需求，满足企业对管理软件的差异化需求，帮助企业彻底颠覆原有的生产管理模式，提质增效，创造更大的价值。

制造执行模块是面向精益制造，与生产作业流程和企业实际需求相结合开发的数字化集成信息系统，该系统面向的是制造业整个生命周期，涵盖了计划指令、材料采购、工单执行、质量跟踪、数据采集、成品包装、库存管理等多个环节，具体有四大应用，如表20-1所示。

表 20-1 制造执行模块的四大应用

应用环节	具体应用
生产计划管理	根据生产计划指令对订单制造的整个生产流程进行管理。系统会根据订单的计划指令，与车间生产人员、生产机器、生产物料、作业流程、生产产能等各项因素相结合，自发地对生产任务进行管理，安排生产流程。在实际生产过程中，系统可以根据生产现场的作业状况对生产计划进行调整，推动整个生产计划有序开展
生产管控	系统会自动获取各个环节的生产状态，管理者可以通过电子看板对各个订单、产品、零件、人员、机器以及每个生产环节和每条生产线的状况进行实时掌握，根据实际生产需求安排生产任务
生产过程追溯	每件产品都附有订单序列号，在生产过程中形成了完整的生产数据档案。客户可以通过绑定序列号对生产过程涉及的人员、机型、时间、制造参数等生产信息进行有效查询
生产及时预警	根据每道工序定义的参数对生产过程中各个指标的执行情况进行实时监控。一旦发现实际生产过程偏离预设指标，系统就会将相关情况实时反馈给管理人员

第二十一章
典型案例：工业区块链应用落地

中电云网：电商平台的区块链应用

中电工业互联网有限公司对区块链技术与工业互联网的融合发展进行了一系列的探索和实践。该企业特别重视电子商务平台在工业领域的深层应用，由于深知区块链技术具有可溯源、不可篡改、机器信任、分布式记账等特性，所以，凭借自身对技术的敏锐性，中电将区块链技术的诸多特性与中电云网（BachOS）技术支撑相结合，不仅成功构建了工业电子商务平台，还顺利研发了多款区块链应用。

不仅如此，该企业还凭借这种融合技术实现了对部分设备资产的智能评估和证券化，并在可信物联接入构件和智能信用评价体系等方面实现了技术突破。目前，这些新技术已经在SMT、高空作业、工业电子商务等方面获得了广泛应用，并打造出了对应的区块链应用平台。

在这些新技术的支撑下，区块链应用平台不仅使企业大大降低了信用成本，也为客户提供了更多的优质服务，使企业在经济效益和社会效益上均取得了一定成绩。

例如，中电工业互联网有限公司利用“工业互联网云平台+区块链”的云链组合系统将SMT生产环节的数据上传至链端和云端，并与上游原材料采购数据和下游产品销售数据实现了联通，这有利于企业向金融机构提供可信的资产证明，为SMT企业的融资提供了极大的便利。

另外，中电工业互联网有限公司还积极建立综合采购平台，为供需双方缩短交易距离；同时还会将采购数据上传至链端和云端，为消费者进行商品溯源提供便利。中电工业互联网有限公司还利用综合采购平台为合作各方提供签约便利，为客户企业向金融机构提供贸易真实性、还款能力的证明。

中电工业互联网有限公司的云链组合系统建成之后，不仅能覆盖上千家企业，连接数十万台终端设备，对接各类金融机构，还能帮助企业成功跨越市场、融资和转型三座大山。

航天云网：工业区块链的应用建设

贵州航天云网科技有限公司借助工业互联网平台为买卖双方提供供需能力撮合模块。在这一模块中，区块链技术主要起到了分布式监管的作用。具体来说，区块链技术一方面能通过保障供需数据的不可修改大大提高供需撮合效率；另一方面也能在工业品交易环节保障交易双方的利益与数据安全。

在云产品和云服务的供给过程中，企业还能利用数字身份认证、共识机制和智能合约等区块链技术推动企业登云补贴政策的执行和监管，使数据顺利地流通、溯源、确权和交易，从而确保企业的生产和销售安全。

通过搭建基于区块链和工业互联网的工业云平台，企业可以更好地解决数据安全、数据信任、数据存储、数据价值服务等一系列问题。

◆区块链在工业数据采集中的研究应用

区块链技术在工业数据采集和设备管理方面具有良好的应用。贵州航天云网科技有限公司以工业物联网平台为基础，将区块链技术引入传感器、通信网络、ERP 系统、控制模块和系统之中，通过统一的账本基础设施对生产制造的各个环节进行长期、持续的监督，既提高了生产数据的可靠性，又保障了生产制造的安全性。

区块链账本记录具有可追溯、数据不可篡改等特性，因此，借助这种技术可以促进企业审计工作的开展，有利于生产制造问题的发现、追踪和解决，有助于企业优化生产经营系统，同时还能够大大提高企业对生产制造的智能化管理水平。

◆基于区块链的协同采购平台建设

贵州航天云网科技有限公司通过工业互联网采集和整合采购方和供应方的真实背景信息和贸易信息，然后再利用大数据分析模型、风控分析模型构建一个面向采购全流程的区块链综合服务系统。这样一来，企业就能在协同采购的全过程中对身份认证、企业信用、数据交易等进行管理，从而确保供需双方交易的安全、透明，保证协同采购的数据无法被篡改且各环节均可被追溯。

为实现企业协同采购，贵州航天云网科技有限公司建立了区块链信息共享服务中心。在区块链信息共享服务中心的支持下，企业可以实现在线咨询比价、招标、谈判、合同签订等商务活动，同时还可以利用区块链和中心云记录所有数据，实现采购方与供应方之间的信息互通、资源共享，并能对交易中出现的问题进行及时、快捷和方便的处理。

另外，贵州航天云网科技有限公司还建立了区块链供应商身份认证中心，该中心主要负责对协同采购管理平台上的身份信息、信用数据、交易数据等进行保存、共享和认证。

◆基于区块链的云端营销平台

云端营销平台主要由三大系统组成，分别是云端营销服务系统、云端营销区块链基础系统和集团公司内部系统，如图21–1所示。这三大系统之间需要进行数据交换，但彼此交换数据的主要目的存在区别。其中：云端营销服务系统与云端营销区块链基础系统进行数据交换的主要目的是读写与查询用户、能力、产品、交易信息；云端营销服务系统与集团公司内部系统进行数据交换的主要目的是读写与查询合同信息、合同状态信息。

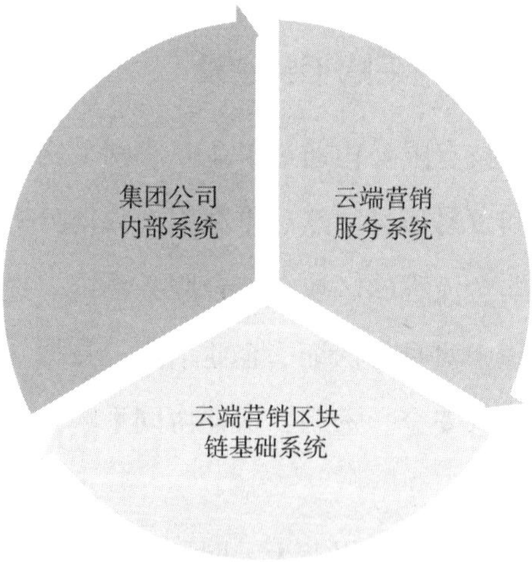

图 21–1　云端营销平台的三大系统

云端营销平台借助区块链技术可以记录各业务流程、各交易环节中产生的数据，并能利用数据驱动移动应用工具，通过网络集成各系统应用模块，发挥各系统功能。

贵州航天云网科技有限公司根据云端营销与市场拓展业务蓝图，结合云端营销链信息流，实现了对企业资源计划系统、财务共享中心、人力资源系统等信息系统的适应性改造，对智慧企业运行平台的监管，同时也实现了业务流、数据流在营销体系下的自动流转和智能履约。

这些应用实践主要解决了以下行业痛点：由于生产设备、加工设备和信息系统等通常由众多厂家制造、构建，受不同的制造企业限制，这些设备和系统的标准化程度通常较低，数据的访问接口也可能无法统一。而标准化不足和数据访问接口的不匹配会带来诸多限制，如数据的获取、流通异常困难；云制造、云协作、云生产等工业云平台的功能模块不能发挥作用；等等。

传统的中心化系统通常采用手工或中央电脑控制方式发挥作用，实时获取生产数据和经营信息的难度较大，因此主要通过各个业务系统单独储存用户需求、订单下达、设计生产、生产状况、库存变化、交易认证、设备故障等信息，而由于这些系统具有不同的技术架构、通信协议、数据存储格式等，它们之间的信息交流十分缓慢，也制约了智能制造的应用和发展。

华制智能：S2B2C工业互联网平台

青岛华制智能互联科技有限公司将供给、商户和终端三者无缝结合在一起，形成了一体化的智能生产和营销模式，开发出了S2B2C[①]工业互联网平台。

---

① S2B2C：一种集合供货商赋能于渠道商并共同服务于顾客的全新电子商务营销模式。S2B2C中，S即大供货商，B指渠道商，C为顾客。

S2B2C工业互联网平台通过S2B2C模式打通了线上线下渠道，更好地平衡了供求关系，使新零售得以顺利落地。在S2B2C工业互联网平台的支持下，消费者的个性化需求可以获得高度满足，传统制造业可以借助平台资源开发智能制造信息流的无缝融合技术。

借助S2B2C工业互联网平台，青岛华制智能互联科技有限公司不仅能够快速实现新旧动能转换，同时还能顺利推动“智能制造2025”战略决策的落地。

以混合云环境为基础，S2B2C平台拥有世界领先的存储处理技术支撑体系结构；以人工智能技术为基础，S2B2C平台能够以大数据挖掘技术支持产品的全生命周期决策。另外，S2B2C平台还创造了ERP、MES、SCADA集成框架，可以对单个产品实行控制，能够为企业提供强大的智能ERP系统。由此可见，S2B2C拥有强大的技术壁垒，很难被竞争对手抄袭和模仿。

工业互联网与区块链的融合应用是工业领域未来发展的重点方向。不过，工业互联网在互联互通、安全性等方面面临诸多挑战，而区块链技术可以发挥自身优势来弥补工业互联网的不足。随着技术的创新与进步，工业互联网与区块链将不断获得更深入的融合发展，这不仅会加快智能产业生态的形成，还能更好地促进制造业的高质量发展。

References | 参考文献

[1] 柴雯，马冬妍，许雅丽，等. 工业企业云化发展评价及对策研究[J]. 企业管理，2020（3）.

[2] 柴旭东. 中国企业的工业互联网实践——以航天云网为例[J]. 中国工业和信息化，2018（7）.

[3] 常洁，王艺，李洁，等. 工业通信网络现有架构的梳理总结和未来运营商的发展策略[J]. 电信科学，2017（11）.

[4] 陈皓. 低功耗、远距离物联网的商业化应用[J]. 集成电路应用，2015（12）.

[5] 陈静，李宗帅. 基于工业控制计算机的移动机器人控制系统设计[J]. 机械与电子，2018（7）.

[6] 程梦瑶，程宏亮，高林，等. 工业互联网与大数据[J]. 软件和集成电路，2019（8）.

[7] 程刚，安岗，邹贵祥. 电信运营商在工业互联网领域的业务发展策略研究[J]. 信息通信技术，2019（5）.

[8] 崔文晶，徐思佳. "新基建"促进物联网产业新发展[J]. 互联网天地，2020（4）.

[9] 杜传忠，许冰. 第四次工业革命对就业结构的影响及中国的对策[J]. 社会科学战线，2018（2）.

[10] 冯严超. 工业革命4.0再研究[J]. 当代经济，2016（27）.

[11] 葛磊蛟，汪宇倩，戚嘉兴，等. 面向城市能源互联网的电力物联网内涵、架

构和关键技术[J]. 电力建设，2019（9）.

［12］郭柯洒. 5G环境下的工业互联网应用探讨[J]. 中国信息化，2018（10）.

［13］国研中心产业经济研究部课题组，王燕. 加快营造与新工业革命相适应的创新型产业组织生态[J]. 中国经济报告，2018（10）.

［14］贺东东. 工业互联网平台赋能中国制造[J]. 软件和集成电路，2018（6）.

［15］贺煜. 物联网与智慧城市[J]. 重庆与世界，2019（12）.

［16］胡钦太，刘丽清，郑凯. 工业革命4.0背景下的智慧教育新格局[J]. 中国电化教育，2019（3）.

［17］贾雪琴，罗松，胡云. 工业互联网标识及其应用研究[J]. 信息通信技术与政策，2019（4）.

［18］姜红德. 工业互联网谋局2018自主品牌迎来机遇[J]. 中国信息化，2018（2）.

［19］克劳斯·施瓦布. 引爆第四次工业革命的23项技术变革[J]. 南方企业家，2016（7）.

［20］兰筱琳，黄茂兴. 工业4.0背景下中国制造业转型升级的现实条件与发展策略[J]. 中国矿业大学学报（社会科学版），2018（5）.

［21］李伯虎，林廷宇，贾政轩，等. 智能工业系统智慧云设计技术[J]. 计算机集成制造系统，2019（12）.

［22］李君，邱君降，窦克勤. 工业互联网平台参考架构、核心功能与应用价值研究[J]. 制造业自动化，2018（6）.

［23］李君，邱君降，窦克勤，等. 基于成熟度视角的工业互联网平台评价研究[J]. 科技管理研究，2019（2）.

［24］李凯迪. 基于Ecode单品标识的工厂智能仓储管理新模式[J]. 中国自动识别技术，2019（1）.

［25］李苏秀，刘林，王雪，等. 泛在电力物联网商业模式理论体系与设计架构[J].

中国电力，2019（9）.
［26］李驹光. 工业物联网的挑战及柔性工业服务器[J]. 电子产品世界，2020（4）.
［27］李亚楼，李芳，刘赫川，等. 基于PSASP的综合能源仿真分析系统[J]. 电网技术，2019（7）.
［28］林雪萍. 工业APP，为工业互联网平台而生[J]. 智慧工厂，2018（6）.
［29］刘莲，姜苗苗，陶云杰，等. 基于Android手机的二维码识别生成系统的设计与实现[J]. 福建电脑，2018（12）.
［30］刘丕群，刘克松，高智伟. 我国工业互联网平台高质量发展面临的问题及对策[J]. 电子技术与软件工程，2018（24）.
［31］潘博文，马超. 物联网物体描述方法与物体标识[J]. 物联网学报，2018（2）.
［32］彭振国. 物资供应可视化平台推动泛在电力物联网建设[J]. 企业科技与发展，2019（12）.
［33］蒲在毅，罗宇. 云计算数据中心安全问题及防护策略简析[J]. 电子世界，2018（12）.
［34］石立峰. 电信运营商的工业互联网战略选择及策略研究[J]. 电信网技术，2018（1）.
［35］孙昌璐. 工业互联网标识管理与解析技术[J]. 信息通信，2017（9）.
［36］孙亮，高寅欣，孙一平. 电信运营商物联网发展挑战及策略建议[J]. 邮电设计技术，2015（2）.
［37］谭华，林玮平，林克，等. 基于云网融合的工业互联网应用分析[J]. 广东通信技术，2018（12）.
［38］田娟. 中国智能制造的新势力——Ecode标识构建工业互联网生态体系[J]. 中国自动识别技术，2017（2）.
［39］童淳强. 北斗+物联网提升城市“智力”[J]. 中国公共安全，2016（14）.

[40] 童群. 工业互联网发展现状及对策[J]. 设备管理与维修，2018（22）.

[41] 万长松，张茜萌. 产业进化论视野中的工业革命4. 0[J]. 长沙理工大学学报（社会科学版），2016（4）.

[42] 王成山，王丹，李立浧，等. 需求侧智慧能源系统关键技术分析[J]. 中国工程科学，2018（3）.

[43] 王丹，孟政吉，贾宏杰，等. 面向新型城镇的能源互联系统规划关键技术研究及展望[J]. 电力系统自动化，2019（14）.

[44] 王佳，邵枝华，徐砚. 工业互联网技术体系研究与应用分析[J]. 通信技术，2020（3）.

[45] 王阳，李爽，张本波，等. 第四次工业革命对就业的挑战与建议[J]. 经济纵横，2017（11）.

[46] 王毅，陈启鑫，张宁，等. 5G通信与泛在电力物联网的融合：应用分析与研究展望[J]. 电网技术，2019（5）.

[47] 吴凡. 运营商工业物联网发展思路[J]. 通信企业管理，2020（3）.

[48] 肖洋. 西方科技霸权与中国标准国际化——工业革命4.0的视角[J]. 社会科学，2017（7）.

[49] 谢鹏志，杨威，曹巍. 工业设备入云的连接模型研究[J]. 航空制造技术，2020（7）.

[50] 信集. 迈迪：构建贯穿制造链的生态闭环[J]. 信息化建设，2018（12）.

[51] 许春安，李芳. 云制造环境下对称型企业制造资源共享演化博弈分析[J]. 计算机应用研究，2019（11）.

[52] 严俊，严凤. 峰谷分时电价背景下的居民电动汽车有序充放电策略[J]. 电力系统保护与控制，2018（15）.

[53] 姚远，范琳琳. 物联网技术在智慧城市建设中的应用[J]. 中国新通信，2019（23）.

[54] 杨震，张东，李洁，等. 工业互联网中的标识解析技术[J]. 电信科学，2017（11）.

[55] 佚名. 2020年是泛在电力物联网的突破年，智能化与信息化需求提升[J]. 电脑知识与技术（经验技巧），2020（1）.

[56] 佚名. 全国信息技术标准化技术委员会物联网分技术委员会成立大会暨第一次全体会议在京召开[J]. 标准科学，2019（12）.

[57] 佚名. “新基建”提速为推动工业互联网大数据发展带来重大机遇[J]. 机械研究与应用，2020（1）.

[58] 张海平. 关于工业革命4.0的见闻与思考[J]. 液压气动与密封，2017（7）.

[59] 张金龙，门震江. 工业互联网发展现状分析研究[J]. 辽宁经济，2018（9）.

[60] 张凯，冯剑，孙胜博，等. 面向泛在电力物联网的需求响应标准体系研究与设计[J]. 中国标准化，2019（S1）.

[61] 张锐. 构建工业互联网平台的着力点[J]. 上海企业，2018（5）.

[62] 张云勇. 5G将全面使能工业互联网[J]. 电信科学，2019（1）.

[63] 赵晋松，张朝阳，顾巍峰，等. 基于工业互联网的智能电厂平台架构[J]. 热力发电，2019（9）.

[64] 朱广，黎海涛，马银童，等. 低功耗物联网网关设计与实现[J]. 国外电子测量技术，2016（6）.